KLAUS MODICK
LEONARD COHEN

LEONARD COHEN

Klaus Modick

KiWi MUSIKBIBLIOTHEK

Noch mehr Lesespaß mit der Playlist zum Buch:
www.kiwi-verlag.de/playlists

SUZANNE
ODER WIE ALLES ANFING

I walked up to the tallest
And the blondest girl
I said: Look, you don't know me now
But very soon you will
So won't you let me see
I said won't you let me see
I said won't you let me see
Your naked body?

LEONARD COHEN:
MEMORIES

I set out one night
When the tide was low
There were signs in the sky
But I did not know
I'd be caught in the grip
Of the undertow

LEONARD COHEN:
UNDERTOW

Wenn er zu Bett ging und das Licht gelöscht hatte, schaltete Lukas das Radio ein. Das Magische Auge leuchtete dann durch die Dunkelheit, legte einen samtartigen Schimmer auf die Dinge und verwandelte das Zimmer in einen grün fluoreszierenden Kokon. Das wuchtige Röhrengerät Nordmende Fidelio mit seiner Stoffbespannung vor dem Lautsprecher war eigentlich schon damals eine technische Antiquität, hatte aber einen verblüffend satten Klang, und die Wahltasten für MW, LW, KW und UKW aus weißem Bakelit sahen aus wie die verkürzte Tastatur eines Klaviers. Und keine noch so moderne Hi-Fi-Anlage zeigte die Signalstärke als Magisches Auge, dessen grüner Schein wie ein undefinierbares Glücksversprechen schimmerte und mit der Musik verschmolz, um derentwillen Lukas dem Radio lauschte, bis er einschlief und die Musik in seine Träume verwob.

Diese Musik wurde so gut wie nie von deutschen Sendern gespielt, aber auf der Skala des Radios fanden sich neben allerlei exotischen Orten wie Monte Carlo, Bruxelles, Stavanger, Beromünster, Vatikan und Kalundborg auch Stationen, die das, was Lukas' Eltern als Negermusik verabscheuten, zuverlässig lieferten: AFN und BFBS. Amerikanische und britische Soldaten hatten zweifellos einen besseren Musikgeschmack als Lukas' Eltern.

Auch in jener Novembernacht lag er längst im Bett, hatte *Mighty Quinn* gehört und *Mrs. Robinson*, *The Dock Of The Bay* und *Lazy Sunday*, musste am nächsten Morgen aber früh und halbwegs fit aufstehen, weil eine Mathearbeit drohte, und wollte bereits das Radio abstellen, als der Discjockey verkündete, morgen werde die neue Langspielplatte der Beatles auf den Markt kommen. Weltweit. Man werde deshalb in einer Stunde ab Mitternacht das komplette Doppelalbum ohne Pause und ohne jeden Zwischenkommentar abspielen. Eine neue Beatles-Platte erwartete Lukas stets wie eine Offenbarung, ein allerneustes Testament. Und diesmal gar ein Doppelalbum! Was war dagegen eine Mathematikarbeit? Im grünen Zauberschein lag er in so fiebriger Erwartung wie früher als Kind an Heiligabend in der letzten Stunde vor der Bescherung.

Endlich kam die Musik, einsetzend mit Flugzeuglärm, den Lukas erst für eine Frequenzschwäche des Senders hielt, ein Rauschen aus geheimnisvoller Ferne, das ihn in seinen Sog zog und mitnahm auf eine Reise durchs Wunderland der Klänge, Töne, Stimmen, die ihm galten, in denen ausgesprochen war, was er nie selbst hätte formulieren können. Ja, das war seine Musik, wurde sogleich zu einem Teil seiner selbst, gehörte zu seinem Leben wie Essen und Trinken, wie Haut und Haare, wie Atem und Schlaf.

Das war 1968, das Jahr, das zum Mythos werden sollte. Die Studenten revoltierten in Deutschland und Frankreich, Martin Luther King und Robert Kennedy fielen Attentaten zum Opfer, der Vietnamkrieg tobte, Nixon war zum Präsidenten gewählt worden, die Sowjetunion in die Tschechoslowakei einmarschiert – und die Beatles flogen *Back In The USSR* und sangen von *Revolution*. Die Rolling Stones bekundeten *Sympathy For The Devil* und auch für einen *Street Fighting Man*. Bob Dylan protestierte schon lange mit *Masters*

Of War, Donovan mit dem *Universal Soldier*. Die Atombombe drohte am *Eve Of Destruction,* und überhaupt musste jedem zurechnungsfähigen oder jedenfalls musikalischen Menschen klar sein: *The Times They Are A Changin'*. Ein berauschendes Lebensgefühl des Aus- und Aufbruchs, gut gelaunter Widerspruchsgeist und muntere Aufmüpfigkeit durchtränkten diese Musik so gründlich wie Tinte das Löschpapier in Lukas' Schulheften.

Wenn er Jahre später die Beatles hörte, verstand Lukas, wie sich die kreative Eruption dieser Zeit, die Befreiung vom Muff der Nachkriegsprüderie in der sexuellen Revolution, aber auch die psychische Revolution der Halluzinogene, die Aggressivität der Straßenkämpfe, aber auch die sanfte Hippieutopie von Love and Peace, in dieser Musik verdichtet hatte wie in kaum einem anderen kulturellen Phänomen. In jener Nacht des Weißen Albums am Röhrenradio *Fidelio* rührte sie an eine jungfräuliche Empfindung: Diese Musik war seine erste Liebe.

Die Mathematikarbeit geriet zum Desaster.

Lukas war stolze 18, aber immer noch kein richtiger Mann. Die Fantasien des Harems seiner rechten Hand verströmten fruchtlos in Tempotaschentüchern, und das, was man Unschuld nannte, schnürte ihn ein wie eine Zwangsjacke. Wenn in der Diskothek und bei Tanzabenden im Jugendheim der Discjockey statt *My Generation* oder *Satisfaction* langsamere Takte anschlug, *Michelle, As Tears Go By* oder gar *Je t'aime ... moi non plus*, und dabei das Flackerlicht gedimmt wurde, begann die Schwofrunde. Und wenn dann die Schöne, um die Lukas eben noch mit wildem Gliederzucken geworben hatte, in seinen Armen auf der Tanzfläche blieb, begann ein Pressen und Schieben, Drücken und Tasten, das, je nach Gegenseitigkeitsgrad, in zaghafte Küsse mündete, um auf durchgesessenen Sofas, im frühlingsmilden Schlosspark oder in zugigen, dunklen Hauseingängen in Knutscherei und Fummelei zu enden, ohne ans ersehnte Ziel gekommen zu sein. Es gab ein neues deutsches Wort für diesen unbefriedigenden Zustand: frustriert. Übrigens hatte man keine Freundinnen, von Beziehungen zu schweigen, sondern man »ging zusammen«, um nach einigen Tagen, manchmal auch Wochen, nicht mehr zusammen zu gehen. Verhältnisse, die Monatsfrist oder mehr erreichten, galten als »in festen Händen« – Abwerbung zwecklos.

Mit Uschi war er gegangen und mit Ulla, mit Annette und mit Anna, mit Hilke und mit Hilde. Aber *es* war immer noch nicht passiert, und ihn drückte die Befürchtung, das letzte männliche Mitglied seiner Altersgruppe zu sein, dem immer noch der unsichtbare, aber doch auch peinliche und grausame Makel des Noch-nie anhaftete. Manche seiner Freunde protzten mit saftigen Anekdoten über die Freuden vollständigen Eindringens in die Mannbarkeit, und andere schwiegen mit einem seligen Lächeln, das ebenso still wie vielsagend war. Die Antibabypille schien in aller Munde zu sein, nicht jedoch in den Mündern der Mädchen, mit denen er ging, denen er als Lockmittel schmachtende Liebesgedichte und simple Songs schrieb. Doch solche manuellen und mündlichen Manipulationen konnten nur Vorahnungen der Offenbarung sein, die da doch endlich kommen musste.

Eingesponnen und durchdrungen von der Musik trieb Lukas im grünen Schimmer seiner Radionächte durch wogige Regionen des Halbschlafs. Dabei kam es ihm manchmal so vor, als sei er selbst die Musik oder ein Teil dessen, wovon diese Musik erzählte: der Liebeslieder singende Hurdy Gurdy Man, Eleanor Rigby, die Reis vom Fußboden aufsammelt, ein Matrose auf der Proud Mary, der es mit einer Honky Tonk Woman treibt, der rätselhafte Eskimo Mighty Quinn oder der verrückte Old Flat Top in Walrossgummistiefeln. Solche Auflösungen der Grenzen zwischen Lukas und der Musik hielten sich auch noch für eine Weile, wenn er zwischendurch erwachte und es genoss, dass die Songs wie wahr gewordene Träume in ihm lebten und er in ihnen.

Und auf diese Weise gelangte eines Abends auch eine geheimnisvolle Suzanne in sein Bett. Sie kam im Gewand einer einfachen, ebenso eingängigen wie eindringlichen Melodie, begleitet von einer akustischen Gitarre, vorgetragen von einer Baritonstimme, sonor, hypnotisch, sinnlich, als käme sie aus einer Tiefe, die Lukas unbekannt war, in die er aber umso sehnsüchtiger hineinhorchte, während Frauenstimmen durch den Hintergrund schwebten und Streichinstrumente sanfte Muster webten. Obwohl sein Englisch passabel war, verstand Lukas vom Text nur Bruchstücke. Ein übers Wasser gehender Jesus kommt darin vor, Seeleute, ein einsamer hölzerner Turm, eine Frau, die Suzanne heißt, Lumpen und Federn trägt und jemanden auf ihre Wellenlänge bringt, und Körper im Refrain, sein perfekter Körper, dein perfekter Körper, ihr perfekter Körper, und ein Fluss, der davon redet, immer schon der Liebhaber dieser Frau gewesen zu sein, und also ging es um Sex; oder vielleicht auch nicht, weil nicht Körper zu Körper findet, sondern der perfekte Körper durch etwas anderes berührt wird: »For you've touched her perfect body with your mind«. Aber was bedeutete hier »mind«? Verstand? Geist? Fantasie? Das Ganze ergab keinen rechten Sinn und hatte dennoch eine überzeugende, geradezu überwältigende innere Logik, war voller sehnsüchtiger Sinnlichkeit, aber fernab allen Kitsches. Es war auch keiner der üblichen schlichten Lagerfeuerfolksongs und schon gar kein Protestsong, war nicht Pop noch Rock, sondern – ja, was? Ein gesungenes Gedicht? Und der, der es sang, wusste, wovon er sang. Es klang durch und durch erwachsen.

In seinem somnambulen Dämmer war die Anmoderation ungehört über Lukas hinweggegangen, sodass er den Titel des Songs und den Namen des Sängers nicht wusste. Nun lag er wacher als zuvor. Um die Wirkung des Songs nicht durch ein anderes Lied zu zerstören, schaltete er das Radio aus. Das Magische Auge wandelte sich von dunkelflaschengrün zu türkis und versank dann in der Dunkelheit. Indem er versuchte, in der Erinnerung Melodie und Textfragmente noch einmal zusammenzufügen, wurden sie immer unverständlicher, fremder, als wären sie aus einer anderen Welt gekommen. Das Lied löste sich langsam von Lukas ab, Suzanne entließ ihn aus ihren Armen und verdunstete in einem traumlosen Schlaf.

TRACK 4

Harry kannte noch viel mehr Songs als Lukas, aber als der ihm anderntags vorsummte, was er von der Melodie zu erinnern glaubte, schüttelte Harry nur den Kopf, und auch die Texttrümmer sagten ihm nichts: »Nie gehört.«

Harry, der eigentlich Harald hieß, war Lukas' bester Freund. Sie sangen und spielten Gitarre, traten als Luke & Harry bei Schulfesten auf, in Jugendklubs, manchmal auch in Diskotheken während der Tanzpausen. Harry war musikalischer als Lukas, der Probleme hatte, eine Zweitstimme zu halten. Harry spielte auch besser Gitarre, und es fiel ihm leicht, von den Schallplatten die Harmonien und Akkorde der Songs abzuhören, die sie in ihr Repertoire aufnahmen. Dafür verstand Lukas die englischen Texte besser und konnte sie sich besser merken. Ein paar Songs hatten sie sogar schon gemeinsam geschrieben, Musik Harry, Text Lukas, und somit bildeten sie ein Duo, das sich bestens ergänzte. Das Lied über die Lumpen und Federn tragende Suzanne hätte natürlich wunderbar in ihr Repertoire gepasst, da war Lukas sich sicher, aber ganz ohne Kenntnis von Musik und Text ging es nun einmal nicht.

»Vielleicht hast du den Song ja nur geträumt«, meinte Harry und klimperte eine Tonfolge. »Hier, hör mal, fällt dir dazu ein Text ein? A, H-Moll, E 7, A, ganz simpel erst mal, aber dann diese Bridge –«

Aber Lukas war sich sicher, den Song nicht geträumt zu haben. Ganz sicher.

Einen Monat später traten sie beim Schulfest des Martin-Luther-Gymnasiums auf. Der Tanzabend für die Oberstufe fand in der mit Luftschlangen, Ballons und Papiergirlanden geschmückten Turnhalle statt. Für die Musik sorgte eine Beatband mit dem erschreckend einfallslosen Namen The Beatboys, was jedoch einigermaßen revolutionär war, weil niemand zu hoffen gewagt hätte, dass der Schuldirektor dergleichen Hottentottenkrawall an seinem Institut dulden würde. Aber offenbar änderten sich die Zeiten tatsächlich wie von Bob Dylan angekündigt. Gegen Harrys und Lukas' Auftritt hatte sowieso niemand etwas, weil sie als Folkloreduo angekündigt wurden, und bei Folklore dachten dann manche Erwachsene wohl noch in Dimensionen von *Im Früh-*

tau zu Berge und *Wildgänse rauschen durch die Nacht*. Harry und Lukas fanden die Bezeichnung Folkloreduo zwar bescheuert, aber wenn sie damit einfacher zu Gigs kamen, war es ihnen auch egal. Musik war Musik. An diesem Abend sollten sie drei Mal für je zehn Minuten auftreten, wenn die Beatboys Pause machten.

Um die Stimmung anzuheizen, legte die Band mit den üblichen Gassenhauern los – *Peter Gunn*, *Hold Tight*, *Baby Come Back*, *Twist And Shout*. Die neuesten Hits waren das zwar nicht, weil die erst noch eingeübt werden mussten, aber zu den alten Krachern füllte sich sofort die Tanzfläche, als würde die Musik eine Mauer einreißen, durch die sich nun etwas Bahn brach, was lange zurückgehalten, unterdrückt und kontrolliert worden war.

An die Tür des Geräteraums hatte jemand ein handgemaltes Schild mit der Aufschrift *Künstlergarderobe* gehängt. Um alle Welt, insbesondere die Mädchenwelt, unmissverständlich darauf aufmerksam zu machen, dass Harry und Lukas zu den Künstlern gehörten, lehnten sie links und rechts am Türrahmen, und zwar so, dass das Schild zwischen ihnen deutlich zu erkennen war, und überblickten mit verschränkten Armen und blasierten Mienen die Szene. Die Beatboys muckten beherzt drauflos, wenn auch nicht immer fehlerfrei, auf der Tanzfläche herrschte brodelndes Gemenge und Gedränge. Lukas musterte die Mädchen, tastete sie auf der Suche nach dem Glückstreffer mit seinen Blicken ab. Die meisten kannte er vom Sehen, einige mit Namen, und dann waren da noch jene drei oder vier, mit denen er vergeblich gegangen war, frustriert, sich selbst überlassen und unerreicht das heiß ersehnte Ziel. Nun sahen sie ihn an der Künstlergarderobe lehnen und bereuten vielleicht längst ihre Zugeknöpftheit, aber er gönnte ihnen nur noch ein kühles Kopfnicken.

Die Beatboys legten eine erste Pause ein. Während das Publikum von der Tanzfläche zu den Getränketischen am Rand der Turnhalle drängte, holten Lukas und Harry ihre Gitarren aus der Künstlergarderobe und betraten die Bühne.

Der Schulsprecher griff zum Mikrofon. »In der Tanzpause unterhält uns jetzt das Folkloreduo Harald und – ähm, also habt ihr eigentlich einen Namen?«

»Luke and Harry«, sagte Harald und sprach Harry betont englisch aus. »Harry wie Harry Rag von den

Kinks. Und von denen spielen wir jetzt *Death Of A Clown*.«

Und das taten sie dann auch so schmissig, Lukas bekam sogar die zweite Stimme fehlerfrei hin, dass das Geplauder und Gejuchze im Hintergrund abschwoll und ein Teil des Publikums wieder zur Bühne schlenderte. Beim nächsten Titel kamen noch mehr, Beatles, *You've Got To Hide Your Love Away*, klar, das kannten alle, und es gab lauten Beifall. Dann Simon & Garfunkel, *The Sound Of Silence*, sichere Nummer. Das hing Lukas und Harry zwar längst zu Hals und Ohren raus, aber sie hielten es im Programm, weil die Leute es liebten und den Refrain mitsangen. Als sie an der Zeile ankamen, die mit »and in the naked light I saw« beginnt, sah Lukas plötzlich nicht die im Text vorgesehenen »ten thousand people, maybe more«, sondern *sie*. *Sie*, das Mädchen nämlich, das da etwas einsam oder eigenwillig am Rand stand, zu ihnen, nein, zu *ihm* aufblickte. Langbeinig, schmalhüftig, blonde schulterlange Haare, das Gesicht leicht sonnengebräunt, ein türkisfarbenes Minikleid, dessen Saum zwei Handbreit überm Knie endete. Noch eine Handbreit, und – Lukas entglitt die zweite Stimme. Das Mädchen sang nicht mit, sah aber zu ihm hin. Und nicht zu Harry. Lukas war gemeint. Eindeutig.

»Wir kommen später wieder«, sagte Harry ins Mikrofon.

Sie ernteten Beifall. Auch das Mädchen in Türkis klatschte lächelnd in die Hände, wandte sich ab und verschwand im Gedränge vor den Getränketischen. Lukas und Harry stellten ihre Gitarren im Geräteraum ab.

»Kennst du die?«, fragte Lukas.

»Wen?«

»Na, die Blonde im Minikleid. Türkis –«

Harry zuckte mit den Schultern. »Hab ich gar nicht gesehen.«

Zwar stand Harry erklärtermaßen nicht auf Blond und war bei der schwarzhaarigen Doris in festen Händen, aber trotzdem: Wie konnte man so etwas denn übersehen? Lukas wunderte sich und machte sich auf die Suche, um mit ihr zu tanzen. So, wie sie ihn angeschaut hatte, wartete sie garantiert längst auf ihn. Aber er fand sie nicht. Erst als die Beatboys ihren zweiten Set spielten, sah er sie auf der Tanzfläche. Offensichtlich hatte sie doch nicht auf ihn gewartet, sondern tanzte zum wilden Rhythmus von *Wild*

Thing, und zwar ausgerechnet mit Armin Gross, einem widerlichen Schönling. Lukas verstand die Welt nicht mehr. Als jedoch mit *To Love Somebody* die Kuschelrunde eingeläutet wurde und der eklige Armin versuchte, seine Arme um sie zu schlingen, machte sie sich los und verließ die Tanzfläche. Lukas glaubte sogar, dass sie ihm aus blauen Augen einen Blick zuwarf, eine Millisekunde nur. Da war die Welt wieder in Ordnung.

Ihren zweiten Auftritt eröffneten Luke & Harry mit *Norwegian Wood*, und das kam gut an. Die Beatles kamen ja immer gut an. Mehr Publikum drängte zur Bühne. Aber wo blitzte es türkis? Dann spielten sie *Girl From The North Country*. Und wo blinkten blaue Augen? »See for me if her hair's hangin' down, it curls and falls all down her breast –« Und siehe da, wieder am Rand und wieder selbstbewusst allein, fielen blonde Haare über türkisen Stoff, über ihre Brust, und blaue Augen lächelten Lukas aufmunternd zu. Und auch der Beifall schwoll an.

Die Beatboys waren wieder an der Reihe, und diesmal musste Lukas nicht lange suchen. Sie stand in der Nähe der Künstlergarderobe, als wollte sie ihn dort abholen.

»Mal tanzen?«, fragte er lässig.

»Klar«, sagte sie noch lässiger.

Sie tanzten zu *Happy Together*, und das, fand Lukas, passte ja nun ganz wunderbar, denn »it's only right to think about the girl you love and hold her tight, so happy together«. Noch tanzten sie jeder für sich, zusammen zwar, aber berührungslos, noch nicht »tight«.

Er fragte sie nach ihrem Namen.

»Gitte«, sagte sie.

»Gitte? Ehrlich? Wie diese Schlagersängerin?«

»Na und? Aber eigentlich heiße ich Brigitte. Und dass du Harry heißt, weiß ich ja schon.«

Sollte das etwa ein Witz sein? Vorsichtshalber lachte er. »Ich bin aber Luke. Lukas, wenn du's genau wissen willst.«

Sie sahen sich an. Jetzt lachte sie auch, und die Beatboys sangen was von den Monkees: »Then I saw her face –« Ihre Augen tatsächlich so blau, wie er von Weitem geahnt oder gehofft hatte. Lange Wimpern, je ein Kajalstrich oben und unten, »now I'm a believer«. Kein Lippenstift, Stupsnase, »not a trace of doubt in my mind. I'm in love –«

Die Band muckte und rockte sich unermüdlich

durch Material, das, abgesehen von ein paar eher un-gewollten Schubsern und Knuffen, keine Möglichkeit bot, auf Fühlung mit türkischem Tuch zu gehen. Wann kamen denn endlich die Schwof- und Schmusetitel? In dieser Runde gar nicht. Luke & Harry waren gleich wieder dran.

»Sing mal was für mich«, sagte Gitte.

»Was denn?«

»Was Schönes.«

Was Schönes? Lukas musste plötzlich an den Song denken, den er neulich im Radio gehört hatte, den Song, der so sehnsüchtig geklungen hatte, so reif und erwachsen. Wenn er diesen Song spielen und ihr wid-men könnte, dann müsste er wie eine Liebeserklä-rung klingen. Aber er kannte ja nicht mal den Titel. Er überlegte, womit er Gitte ein Kompliment machen konnte, und dann fiel es ihm auch ein. *Den* Song hat-ten Harry und er jedenfalls im Repertoire.

Harry wartete schon auf der Bühne und zupfte das den Byrds abgelauschte Intro zu *Turn! Turn! Turn!*. Gitte stand wieder da, wo sie zuvor schon gestanden hatte, tuschelte aber jetzt mit einer Freundin. Ver-mutlich verriet sie brühwarm, dass dieser tolle Lukas bei ihr angebissen hatte.

»Den nächsten Song haben wir selbst geschrieben«, verkündete Harry, »und er geht so.«

A, H-Moll, E 7, A, »Drifting ships in the darkest night, but you'll never get these ships in sight«, hatte Lukas zusammengereimt, ohne sich groß damit aufzuhalten, ob die Verse irgendeinen Sinn ergaben – Hauptsache, sie passten irgendwie zu Harrys Melodie und klangen schön mysteriös. Freundlich klang immerhin der Beifall.

Lukas flüsterte Harry etwas zu und nickte in Richtung Gitte. »Unser letztes Stück heute Abend«, sagte Lukas und schob den Kapodaster auf den zweiten Bund, »ist für jemanden hier in der Halle, die, also, ich meine, weil nämlich«, geriet er ins Stammeln, »es ist für eine –, ist einer ganz besonderen Person, ähm, gewidmet.« Er schielte zu Gitte hinüber. Sie errötete. »Ja, das Stück heißt nämlich *Turquoise*, und das heißt auf Deutsch türkis, türkis wie –«

Und hätte Harry nun nicht mit dem Intro begonnen, C, F-Moll 7, C/G, hätte Lukas wohl noch weiter vor sich hin gestottert. Aber dann sang er inbrünstig, wenn nicht gar brünstig »Your smile beams like sunlight on a gull's wing –« und sah, dass Gittes Wangen glühten.

Und schließlich kam die Band ein letztes Mal zum Zuge, schrammelte ausschließlich Eng-, Enger- und Ganz-Eng-Ware, demonstrativ beginnend mit *When A Man Loves A Woman*. Irgendeinem technisch Hochbegabten war es sogar gelungen, Teile der Beleuchtung auszuschalten, sodass die Turnhalle nun von einem kontaktfördernden Zwielicht erfüllt wurde.

»Danke für das Lied«, flüsterte Gitte, als Lukas ihr die Arme um die Schultern legte, sie an sich zog und in der Absicht, sein rechtes Knie zwischen ihre Beine schieben zu können, minimale Tanzschritte andeutete. Sie ließ ihn gewähren, erwiderte sein Drängen, und er presste seine fast schon schmerzende Erektion gegen ihren Bauch und spürte mit den Fingern den Trägern ihres BHs nach. Dabei schob er sie sachte in eine Hallenecke, in der es weniger Licht als diskreten Schatten gab. Er küsste sie auf die Stirn, und dann neigte sie den Kopf zurück, und er küsste ihre Lippen, die sich aber trocken anfühlten und sich auch nicht öffneten, als er mit der Zunge um Einlass bettelte. Wenn wir jetzt allein wären, dachte er, würde sie gewiss anders küssen, und er stellte sich vor, wie sie sich dann das türkise Kleidchen über den Kopf zöge, wie er ihren BH-Verschluss öffnete und ihr den Slip über die Hüften nach unten schöbe und wie ihr Körper nackt, splitternackt wie ein Finger, im Dämmerlicht leuchtete und wie er sich dann auf einer Turnmatte über sie beugte und endlich, endlich zu der Sache käme, um die sich im Leben alles drehte.

TRACK 6

Harry hatte einen älteren Vetter namens Rüdiger, der in Hamburg Soziologie studierte. In den Semesterferien jobbte er als Kellner in einer Diskothek auf Norderney, und dank seiner Vermittlung ergatterten Lukas und Harry dort zwei Gigs. An einem Wochenende im August sollten sie Freitag- und Samstagnacht in den Tanzpausen auftreten. Das Honorar war karg: 50 Mark pro Kopf und Abend, dazu freie Getränke und Logis in der Jugendherberge auf Rechnung der Disco.

Harry war seit Kurzem stolzer Besitzer eines 2CV-Lieferwagens, einer sogenannten Kasten-Ente, mit 23 PS aus 435 Kubikzentimetern, 68 000 Kilometer auf dem Tacho, die hellblaue Lackierung gesprenkelt von kleinen und größeren Flecken dunkelroter

Rostschutzfarbe, hakelige Schaltung und klappernde Beifahrertür – ein Schnäppchen für 1250 Mark. Auf dem Weg nach Norddeich, Harry hinterm Steuer, filterlose Gauloises qualmend, Lukas, die Gitarre im Arm, auf dem Beifahrersitz, gingen sie ihr Repertoire durch, übten neue Songs ein und warfen andere aus dem Programm.

»*Turquoise* muss raus«, sagte Lukas grimmig.

»Wieso das denn?« Harry wunderte sich. »Kam neulich doch super an. Und bei der blonden Butze im Minikleid scheint es ja ganz besonders gut angekommen zu sein.« Harry grinste.

Lukas starrte schweigend aus dem hochgeklappten Seitenfenster. Auf den sattgrünen Wiesen Ostfrieslands grasten Kühe, schwarz-weiß, wie in Halbtrauer. Das entsprach genau seiner Laune.

Harry bohrte nach. »Los doch, spuck's aus, Alter. Ist das etwa schon wieder vorbei?«

»Hat gar nicht erst richtig angefangen«, murmelte Lukas. »An dem Abend hab ich sie zum Bus gebracht, mit dem sie nach Hause musste. Ich hab sie nach ihrer Adresse gefragt, aber da kam grade der Bus an, und da hat sie mir nur noch schnell ihre Telefonnummer auf ein altes Busticket gekritzelt. Und weg war sie.«

»Wieso weg?«, fragte Harry. »Du hast doch ihre Nummer.«

»Ja, Scheiße«, sagte Lukas, »die hab ich natürlich gleich am nächsten Tag angerufen. Da hat sich aber eine Frau mit einer uralten Stimme gemeldet; ich hab nicht mal deren Namen verstanden. Und nein, eine Gitte oder Brigitte gebe es bei ihr nicht und kenne sie auch nicht.«

»Vielleicht hat sich diese Gitte in der Eile verschrieben? So 'n Zahlendreher?«, mutmaßte Harry.

»Möglich. Ich fürchte aber, sie hat mir eine Nummer untergejubelt, die es gar nicht gibt, 'ne Luftnummer. Hat wohl kalte Füße gekriegt oder so.«

»Wieso kalte Füße?«

»Ach, scheißegal jetzt. Gib mir auch mal 'ne Lulle.«

Harry hielt ihm die Zigarettenschachtel hin. »So egal aber auch nicht, oder was? Die hat dich doch voll erwischt, Mann. Genau dein Typ.«

Lukas nickte vor sich hin. Widerwillig. Bitter.

»Also gut«, sagte Harry mitfühlend, »fliegt *Turquoise* eben raus.«

Lukas sagte nichts, sog den Rauch in die Lunge und hustete ihn wieder hoch.

»Willst du mal fahren?«, schlug Harry vor. »Dann kommst du auf andere Gedanken.«

Das, fand Lukas, war wahre Freundschaft. Er hatte erst vor einigen Monaten den Führerschein gemacht und insgeheim gehofft, dass Harry ihn auch mal ans Steuer ließe, für eine Weile jedenfalls.

Die Gangschaltung war hochgradig gewöhnungsbedürftig.

»Revolverschaltung«, sagte Harry, »Revolver wie die Beatles«, und fing zu singen an. »I feel good in a special way, I'm in love and it's a sunny day.« Und Lukas stimmte ein, und gemeinsam grölten sie »Good day sunshine! Good day sunshine! Good day sunshine!« Zweistimmig.

Als sie in Norddeich die Mole erreichten, musste Lukas allerdings zurück auf den Beifahrersitz, weil das Rangieren auf der Inselfähre ja eine gewisse Routine, wenn nicht gar Meisterschaft verlangte. Jedenfalls sah Harry das so.

Das Beach House wurde als Café und Bar betrieben und fungierte abends während der Hauptsaison auch als angesagte Diskothek. Die Gäste waren hier anders als im Carnegie Club, der Diskothek, in der Lukas und Harry zu Hause verkehrten und die hauptsächlich von Teenagern, Schülern und Studenten besucht wurde. Das Norderneyer Publikum war im Schnitt älter, war auch besser betucht. Im Carnegie Club trank man Cola oder Bier, und manchmal roch es nach Marihuana. Im Beach House trank man Gin Tonic oder Sekt, und das Kokain konnte man nicht riechen. Die Musik war hier wie dort die gleiche, fast jedenfalls, denn im Beach House mogelte der Discjockey zwischen Rolling Stones, Temptations und Creedence Clearwater manchmal auch den einen oder anderen deutschen Schlager, Michael Holm, Christian Anders, Peter Maffay, solche Sachen halt.

Das, erläuterte Saisonkellner Rüdiger, seien so Sonderwünsche von manchen Gästen, zumeist weiblichen, die Geld in den Laden brachten und also befriedigt werden mussten, musikalisch jedenfalls. Lukas und Harry waren allerdings überzeugt, dass dergleichen Knödeleien im heimischen Carnegie Club zu Protest und Boykott führen würden.

»Wir könnten aber auch Heintje in unser Programm aufnehmen«, sagte Lukas. »Vielleicht befriedigt das ja die Geldreinbringerinnen besonders gut.«

Harry grinste. »Oder sie lassen uns das gleich selber machen. Dann müssen wir nicht in der Jugendherberge pennen.«

Der Discobetrieb begann hier später als zu Hause. Bis zu ihrem ersten Auftritt blieb noch Zeit genug für einen Spaziergang zum Strand. Der Spätsommertag war heiß gewesen, aber bei Sonnenuntergang kühlte es schnell ab. Sie setzten sich in einen der um diese Tageszeit verwaisten Strandkörbe. Harry drehte einen Joint, der zwischen ihnen hin- und herging.

Das gute Gefühl, neben dem besten Freund zu sitzen und schweigend auf Wasser und Himmel zu schauen, besänftigte die Mischung aus Kummer und Wut, Sehnsucht und Frust, mit der die Erinnerung an Gitte in ihm rumorte. Umschwebt von Dunstschleiern floss die Augustsonne in gelbroter Glut wie Honig dem Meer zu, brach auf seinem Grün zu silbern gleißenden Lamettastreifen. Manchmal flimmerte das Wasser so türkis wie Gittes Kleid und manchmal wie das Leuchten des Magischen Auges im Radio. Über den Dünen sichelte ein früher Mond durchs verbliebene Licht. Es war fast windstill, und obwohl die Flut kam, gab es kaum Brandung, sondern die Wellen schwappten matt und schaumig über den Sand, zischelten und murmelten leise Musik und geflüsterte Worte. Das Lied kam zu Lukas zurück, Wrackteile, Treibgut jenes Songs aus dem Radio, in dem es um einen Jesus ging, der nur für Ertrunkene sichtbar war, weshalb er sagte »all men will be sailors then until the sea shall free them«. Dass diese Zeile in Lukas' Erinnerung angeschwemmt wurde, musste wohl am Meer liegen und am magischen Licht. Oder am Joint.

TRACK 8

Im Beach House spielten Luke & Harry an diesem Abend zweimal für je eine halbe Stunde. Ein Teil des Publikums erwies sich als komplett desinteressiert, plauderte, lärmte und lachte während der Songs, obwohl der DJ um Ruhe gebeten hatte. Die Mehrheit der Gäste hörte jedoch zu, und manche sangen sogar gelegentlich bei den Refrains mit, besonders kräftig, wenn auch leicht schräg beim *Boxer*: »lie la lie, lie la la la lie lie, lie la lie, lie la la la la lie la la lie.« Bei *Catch The Wind* geriet Lukas aus dem Takt, weil er an Gitte denken musste, die ihn wie ein Traumbild berührt hatte, nur um sich sogleich wieder in Luft aufzulösen: »Ah, but I may as well try and catch the wind.« Dem folgte dies »Diddy di dee dee diddy diddy, Diddy diddy diddy dee dee dee«, und dabei mischte sich aus dem Publikum eine Frauenstimme ein, etwas heiser, doch sicher den Ton haltend. Lukas versuchte, die Frau ausfindig zu machen, aber gegen die auf ihn und Harry gerichteten Spotlights waren nur Silhouetten zu erkennen.

Dann wurden wieder Platten aufgelegt, *I Heard It Through The Grapevine*, *Black Is Black*, *Back In The USSR* – solche Sachen halt. Die Tanzfläche füllte sich in Windeseile.

Lukas und Harry setzten sich an die Bar, bestellten Bier. Rüdiger schob ihnen zusätzlich Gläser mit einem dunkelrot funkelnden Schnaps zu. Sie tranken. Das Zeug brannte in der Kehle, erzeugte aber Behagen, als es sich im Magen breitmachte.

»Heißt Würgeengel«, sagte Rüdiger grinsend. »Selbst gebrannte Hausmarke. Nichts für Warmduscher.«

Sie löschten mit Bier. Und noch ein Würgeengel. Ging ja alles aufs Haus.

Getanzt wurde inzwischen nach *Time Has Come Today*, ewig lang und milde psychedelisch.

»Wir sollten vielleicht 'ne Rockband gründen«, meinte Harry nach einigem Nachdenken. »Das kommt bei den Mädels viel besser an als unser harmloser akustischer Kram.«

Lukas nickte stumm.

Time Has Come Today hatte irgendwann ein Ende.

»Das nächste Stück passt gut auf unsere schöne Insel, Leute«, verkündete der DJ. »Gewünscht hat es sich Manuela Müller-Diefenbach. Wer sie kennt, weiß, warum. Wer sich beschweren möchte, wende sich direkt an sie.« Gelächter. »Ab geht die Post mit *Er hat ein Motorboot*.« Lauteres Gelächter. Beifall. »Von Gitte!«

Lukas verschluckte sich am Bier, hustete.

»Is' was?«, erkundigte sich Harry.

Lukas schüttelte den Kopf. Das dümmliche Liedchen war fraglos als Scherz gemeint, aber konnte es einen schlechteren Scherz geben? Ausgerechnet von – Gitte! Er deutete mit gesenktem Daumen auf das leere Schnapsglas. Rüdiger schenkte nach. Der Würgeengel brannte den Schmerz weg, jedenfalls ein bisschen, und auch das Motorboot des Grauens hatte endlich ausgedümpelt. Mit der Bemerkung, dass sei ja auch ein Boot, ließ der DJ *Proud Mary* vom Stapel.

Eine Frau schob sich neben Lukas an den Tresen, winkte Rüdiger zu sich heran und bestellte drei Gin Tonic. »Wir sitzen dahinten an der Eckbank«, sagte sie.

Lukas sah sie von der Seite an. Eine wilde Lockenmähne, schwarz oder dunkelbrünett, im flackernden Zwielicht der Beleuchtung war das nicht genau zu erkennen, fiel über nackte, stark gebräunte Schultern bis auf ein trägerloses weißes Top. Sie wandte sich ihm zu, lächelte. Sehr weiße Zähne im ebenfalls gebräunten Gesicht, die Augen geschminkt, die Wangen vermutlich auch. Das Top gewährte verheißungsvolle Blicke in ihr Dekolleté.

»Hat mir gut gefallen, was du, ähm, was ihr da gesungen habt. Wirklich sehr, sehr gut«, schnurrte sie und tippte dabei mit den Fingerspitzen, die Fingernägel dunkelrot lackiert, wie zufällig auf Lukas' Handrücken. Die Stimme klang sonor und etwas heiser. Hatte womöglich *sie* bei *Catch The Wind* mitgesungen? Bevor er fragen konnte, wandte sie sich ab und ging zurück ins Halbdunkel. Er sah ihr nach, der sehr eng sitzenden schwarzen Jeans und dem weiß leuchtenden Top.

»Respekt, Respekt!«, sagte Harry. »Du hast ja tolle Groupies.«

Lukas grinste. »Hast du die Stimme gehört? Alt, würd ich meinen.«

»Wenn nicht noch älter«, sagte Harry. »Die ist bestimmt schon dreißig, vielleicht sogar drüber. Bei der kannst du bestimmt was lernen.«

Auch bei Luke & Harrys zweitem Auftritt des Abends mischte sich die Stimme wieder ein, diesmal bei *Norwegian Wood*. Ihr Musikgeschmack war gut, keine Frage, und die Stimme klang – ja, wie klang sie eigentlich? Sinnlich, verführerisch lockte sie Lukas. »We talked until two, and then she said, it's time for bed –« Oder ging da seine Fantasie mit ihm durch?

Kurz nach Mitternacht hatten sie ihren Job erledigt. Der Beifall war kräftiger als beim ersten Set, aber echte Begeisterung klang doch anders. Lukas schielte zur Eckbank, auf der die Altstimme mit zwei anderen Gästen saß. Sie hob die Hand. Führte sie nur das Glas an den Mund? Oder winkte sie ihm zu? Er griff zu seinem Bier. Seine Hände zitterten vor Aufregung, aber er stakste mit weichen Knien durch den Raum, bis er vor ihr stand und nicht wusste, was er sagen sollte.

»Komm, setz dich«, sagte sie, als hätte sie ihn ganz selbstverständlich erwartet, und klopfte mit der rechten Hand auf den freien Platz neben sich.

»Ja, danke, und hallo«, sagte er beklommen, nickte der Frau und dem Mann zu, mit denen sie an dem Tischchen saß, und nahm Platz.

»Das sind meine Freunde«, sagte sie. »Gudrun und Ralf. Sie sind aber grade im Aufbruch, nicht wahr?«

»Ja, leider«, sagte Ralf hölzern, schaute demonstrativ auf die Uhr und stand auf.

Auch Gudrun erhob sich von der Bank. »War 'ne tolle Show von euch. Aber wir müssen jetzt wirklich los.«

»Ach, wie schade«, sagte die Altstimme, stand ebenfalls auf, verabschiedete ihre Freunde mit Wangenküsschen und setzte sich dann wieder neben Lukas. »So«, sagte sie lächelnd und schaute ihm dabei in die Augen, »jetzt sind wir also unter uns.«

Lukas nickte. Wortlos. Sein Herz schlug heftiger.

»Ich heiße übrigens Julia«, sagte sie. »Dass du Lukas heißt, weiß ich ja schon. Das wissen alle hier nach eurem tollen Auftritt.«

»Na ja, danke«, stammelte Lukas, »ich weiß gar nicht –«

»Doch, doch, im Ernst, echt klasse«, sagte sie, und dann sagte sie noch andere Dinge, die aber, je dichter ihr Mund seinem Ohr kam, bei Lukas nur als »lie la lie« und »diddy di dee dee« ankamen, so erregt war er, und der Joint und der Alkohol taten auch, was sie tun sollten.

»Ich glaube, ich muss mal an die frische Luft«, sagte er.

»Gute Idee«, sagte sie. »Gehen wir.«

Und dann lagen sie irgendwo in den Dünen. Der Sand war kühl. Ihr Mund näherte sich seinem, ihre Lippen waren weich und nachgiebig, und ihre Zungen trafen sich, zögernd wie zwei Fremde, die erst miteinander vertraut werden müssen, bevor sie das tun, wonach sie sich sehnen. Der Wind flüsterte Unverständliches durchs Dünengras.

Sie löste sich von ihm, stützte den Ellbogen in den Sand und das Kinn in die Hand und sah ihn wie prüfend an. »Ihr müsst mal etwas von Leonard Cohen in euer Repertoire aufnehmen«, sagte sie unvermittelt.

»Von wem?«

»Cohen, Leonard Cohen.«

»Nie gehört.«

»Wird dir gefallen.«

»Ja?«

»Die Songs. Und auch sonst alles. Komm.«

TRACK 9

Lukas stand am Fenster von Julias Apartment und starrte in die Nacht. Der Mond legte eine schwankende Lichtspur aufs schwarze Tuch der See, das vom fahl schimmernden Schaum der Brandung gesäumt war. Julia hatte gesagt, es sei die Ferienwohnung ihrer Familie, aber wen sie mit Familie meinte, hatte sie nicht gesagt. Ihre Eltern? Womöglich ihren Freund? Oder gar Ehemann? Einen Ring trug sie allerdings nicht, und die spießige Einrichtung mit allerlei maritimem Krimskrams deutete auch eher auf den Geschmack einer älteren Generation hin.

Nachdem sie vom Strand gekommen waren, hatte Julia das grelle Deckenlicht sofort wieder ausgeschaltet, drei Teelichter angezündet und auf den Fußboden neben das Bett gestellt und war dann ins Bad gegangen. Wie verwandelt kam sie wieder heraus, trug nun eine Art Kimono, gelb-schwarz gemustert, der im Kerzenlicht seidig glänzte.

Wortlos kam sie auf Lukas zu, küsste ihn, öffnete seine Gürtelschnalle und den Reißverschluss, schob seine Jeans mitsamt der Unterhose abwärts und strich dabei wie zufällig an seinem steil aufragenden Schwanz entlang. Er hatte das Gefühl, nichts zurückhalten zu können, bei der nächsten Berührung explodieren zu müssen, sank, ohne sich das Hemd auszuziehen, mit ihr aufs Bett. Sie öffnete den Kimono, öffnete auch ihre Beine und half ihm mit einem resoluten Handgriff ins Ziel seiner Sehnsüchte, in das er sich nach wenigen unbeholfenen Bewegungen verströmte.

Sie tätschelte ihm tröstend den Rücken. »Du hast es ja sehr eilig gehabt«, sagte sie sanft.

»Tut mir leid.« Er schämte sich für die Schwäche, die doch nur das Resultat überschüssiger Kraft gewesen war.

»Wir haben Zeit«, sagte sie.

Neben dem Bett stand auf einem Sideboard ein Plattenspieler, ein altmodisches Koffergerät, bei dem sich der Lautsprecher im Deckel befand. Julia beugte sich aus dem Bett und drückte auf den Startknopf. Der Tonarm ruckte und zuckte schwerfällig auf die Anfangsrille, leichtes Knistern, ein schlichtes Zupfmuster auf einer spanischen Gitarre und dann die Stimme, diese unvergleichliche Stimme, sonor, aber ganz und gar unpathetisch. »Suzanne takes you down, to her place near the river –«

Lukas wusste nicht, wie ihm geschah, was ihm geschah – den Song, der ihn als ungelöstes Rätsel begleitet und in ihm rumort hatte, bekam er als Begleitmusik zu seinem ersten, zu seinem allerersten Mal geschenkt, als wäre der Song für diese Nacht geschaffen worden. Julia streifte den Kimono ab, legte sich wieder neben ihn, schob ein Knie auf seine Hüfte, den Unterschenkel zwischen seine Beine, knöpfte ihm das Hemd auf, streichelte seine Brust, »and she lets the river answer that you've always been her lover«, während der Wind draußen zunahm und das Rauschen der Brandung durchs halb geöffnete Fenster strömte. Die Berührungen mischten sich mit der Musik, Haut wurde zu Klang, Melodie zu Muskel, Worte zu Fleisch, Gesang zu Gefühl.

»Was, ich meine, wer ist das?«, fragte er benommen, als das Stück verklang und ein neues begann.

»Leonard Cohen. Hab ich dir doch versprochen.«

Sie küsste ihn und ließ sich von ihm küssen, führte seinen Mund und seine Hände an geheimnisvolle Regionen, die zu berühren er sich nicht einmal hätte träumen lassen, bis irgendwann der Tonarm wieder zurücksetzte. Für einen Moment löste sich Julia von ihm, um die Platte umzudrehen. »Come over to the window, my little darling –«

Er fühlte sich stärker als zuvor. Das, was sich vorhin wie ein nicht vollständig eingelöstes Versprechen angefühlt hatte, wurde jetzt zum Ereignis. Es war, als bewegte er sich auf einem dunklen Strom zwischen zwei Reihen leuchtender Bojen – auf einer Seite die Teelichter, auf der anderen die Lichter ihres Körpers, der Glanz ihrer Augen und rötlich schimmernde Brustwarzen, die sich unter seiner Zunge wie erhitzte Kieselsteine anfühlten. Es war heiß in ihr, heiß und weich, unfassbar weich, cremig, nachgiebig und zugleich fest, sie bog sich ihm entgegen, umschloss ihn, ihre Zuckungen durchdrangen ihn, brachten ihn auf ihre Wellenlänge, lehrten ihn ihren Rhythmus. Er spürte, dass es ewig so weitergehen konnte, weitergehen musste. Dies durfte nie enden. Sie stöhnte, seufzte, bebte, ihr Rhythmus erfasste auch ihn, wie ein Strudel, in dem seine Gedanken flüssig wurden und sich auflösten zu einem fassungslosen Gefühl, zum Staunen über die Gnade der Lust, die in dieser Welt mit nichts vergleichbar ist – mit nichts außer Musik.

Im Morgengrauen weckte ihn das Rauschen von Wasser aus einem flachen Halbschlaf. Julia lag nicht mehr neben ihm. Das Geräusch kam aus dem Bad. Sie duschte. Dann kam sie heraus, trug ein brav und sehr erwachsen aussehendes Sommerkleid, war ungeschminkt und hatte ein Handtuch wie einen Turban um den Kopf gewickelt.

»Du musst jetzt gehen«, sagte sie. »Ich reise ab und nehme die erste Fähre.«

»Wohin? Wo lebst du denn? Im wirklichen Leben, meine ich.«

»Frag mich so etwas nicht. Vergiss dies Bett, dies Apartment, diese Nacht. Es wird kein Wiedersehen geben. Erkundige dich nicht nach mir. Vergiss mich einfach.«

Er rappelte sich auf, zog seine Sachen an, die auf dem Fußboden lagen. Sein Blick fiel auf das Plattencover. Ein ernst in die Kamera blickender Mann, vermutlich ein Automatenfoto, weißes Hemd, Anzug, Krawatte. Das Gegenteil eines Popstars, von einem Hippie ganz zu schweigen. Ein Erwachsener. *Songs of Leonard Cohen.* Stereo. Columbia.

»Aber ich«, stammelte Lukas, »ich meine, du –«

»Geh frühstücken«, sagte sie kühl. »In die Jugendherberge.«

Klang das spöttisch? War nicht allein schon das Wort Jugendherberge ein Hohn gegenüber dem, was in dieser Nacht geschehen war?

»Es war schön mit dir.« Sie gab ihm einen Wangenkuss. »Du warst wirklich gut. Und jetzt geh, bitte.«

Die nächtliche Flut hatte Seetang angeschwemmt, der wie nasses Haar auf dem Strand lag, und unzählige Muscheln glitzerten wie Mosaiken des Chaos in der Morgensonne. Lukas zog die Schuhe aus und ging barfuß entlang der Flutlinie über den festen, feuchten Sand. Obwohl er kaum geschlafen hatte, war er nicht müde, sondern fühlte sich so wach und frisch wie nie zuvor im Leben. Unter seinen Sohlen spürte er die Riffelungen, die das ablaufende Wasser grub, und er sog die Salzluft so gierig ein, als hätte er lange unter Wasser den Atem angehalten. Zum ersten Mal verstand er die Redensart, sich wie neugeboren zu fühlen.

Der Seetang schimmerte grün in vielen Facetten, die von hellgrün wie Strandhafer bis zu dunkelflaschengrün reichten, und an manchen Stellen sogar türkis. Türkis wie Gittes Kleid. Für das, was Julia ihm gezeigt und beigebracht hatte, war er ihr irgendwie dankbar. Aber er war ihr auch dankbar, dass sie das Band zwischen ihr und ihm gleich wieder zerschnitten hatte, weil er wusste, dass er sie nie lieben konnte. Es war ein Feuerwerk gewesen, das in aller Pracht leuchtend und gleißend aufgestiegen und lustvoll in der Dunkelheit zerplatzt war, und am Morgen blieben nur noch ein paar Papierfetzen übrig, Strandgut der Nacht. Verlieben konnte er sich vielleicht in eine wie Gitte; jedenfalls sehnte er sich an diesem Morgen nach ihr. Aber zugleich keimte in ihm der Verdacht, dass wir nur diejenigen wirklich lieben, die uns unerreichbar bleiben.

Das Schallplattenangebot im Musikhaus Wenger bestand zu zwei Dritteln aus klassischer Musik. Das dritte Drittel galt als Unterhaltungsmusik, von der wiederum zwei Drittel deutsche und ein Drittel internationale Interpreten waren. Immerhin konnte man sich im betulich-altmodischen Musikhaus die Schallplatten noch anhören, bevor man sich zum Kauf durchrang. Zu dem Zweck gab es den sogenannten Hörtresen, hinter dem eine Verkäuferin Singleschallplatten auflegte. Mittels Hörern aus buntem Plastik und Schaumgummi, die wie Duschköpfe aussahen, konnte der interessierte Kunde dann seine Wahl treffen. Für Langspielplatten bot Wenger sogar die Exklusivität einer holzgetäfelten Hörkabine, in der zwei Ledersessel und eine erstklassige Stereoanlage auf Liebhaber des gediegenen Wohllauts warteten.

Zwar rechnete Lukas nicht damit, in dieser Pop-Rock-und-Folk-Diaspora zu finden, was er suchte, aber bevor er dafür nach London oder New York pilgern müsste, wollte er zumindest gefragt haben.

»Haben Sie zufällig *Songs of Leonard Cohen*, eine Langspielplatte?«

»Haben wir«, sagte die Verkäuferin mit einer Selbstverständlichkeit, als werde die Platte täglich dutzendweise verkauft. »Aber die wird derzeit in der Kabine – oder nein, Moment mal.« Sie machte ein paar Schritte in Richtung der Hörkabine. Vor der geöffneten Tür stand eine andere Verkäuferin mit einer Langspielplatte in der Hand. »Elfriede«, rief ihre Kollegin, »läuft die Platte schon?«

»Nein.«

»Hier ist noch ein Kunde, der sich dafür interessiert.« Und an Lukas gewandt sagte sie: »In der Kabine sitzt schon eine junge Dame, aber ich glaube, die beißt nicht.«

Lukas überlegte einen Moment, dachte an die Umstände, unter denen er vor drei Tagen die Platte gehört hatte, und obwohl er sich in Julia so wenig verliebt hatte, wie man seine Lehrerinnen liebt, empfand er es fast als Betrug oder Untreue ihr gegenüber, jetzt mit einer anderen diese Musik zu teilen. Und »junge Dame« klang spießig nach Faltenrock und gebügelter Bluse. Andererseits musste eine, die sich Leonard Cohen anhören wollte, vermutlich auf gleicher oder jedenfalls ähnlicher Wellenlänge funken wie er selbst. Und das konnte dann ja auch spannend werden.

»Wollen Sie jetzt oder wollen Sie nicht?«, fragte die Verkäuferin.

»Ich komm ja schon«, sagte er, betrat die Kabine – und erstarrte, vom Blitz eines freudigen Schrecks getroffen. »Du? Das kann ja gar nicht –, ich meine, das ist ja –, also *du* bist das?«

Gitte. Sie saß in einem der Ledersessel und sah Lukas an, staunend, ungläubig fast, aber dann lächelte sie strahlend. »Ja, hallo Lukas! Ja, ich bin's«, sagte sie. »Und was machst du denn hier?«

»Die Platte«, sagte er. »Ich will diese Platte hören, die, also die du auch grade –«

»Was ist denn nun?«, unterbrach die Verkäuferin das Gestammel dieses unverhofften Wiedersehens. »Soll ich die Platte abspielen?«

»Ja, natürlich«, sagte Lukas und setzte sich in den anderen Sessel.

Die Verkäuferin legte die Platte auf den Plattenteller, drückte auf den Startknopf, wünschte viel Vergnügen, verließ die Hörkabine und zog die Tür hinter sich zu.

»Wie kommst du denn überhaupt auf diese Platte«, sagte Lukas. »Auf Cohen? Den kennt doch kaum je–«

»Pst!« Sie legte den Zeigefinger an die Lippen, als die Gitarre einsetzte, und dann kam die Stimme: »Suzanne takes you down to her place near the river –«

»Das ist der Wahnsinn« sagte Lukas, »ein total irrer Zufall, dass wir –«

»Sei doch jetzt mal still bitte«, flüsterte sie.

»– you can hear the boats go by, you can spend the night beside her –«

Er sah sie von der Seite her an. Sie hatte die Haare zu einem Pferdeschwanz zurückgebunden, hatte Bluejeans und ein schwarzes T-Shirt an. Sie starrte auf das Plattencover, das sie in beiden Händen hielt wie eine Kostbarkeit, und als sie aus den Augenwinkeln sah, dass er sie unverwandt anstarrte, blickte sie auf die Lautsprecherboxen, als wären die braunen Stoffbespannungen Bildschirme, auf denen sich die Musik in Bilder verwandelte. Oder wich sie seinem Blick aus? War die kalte Schulter, die sie ihm bot, gewollt? Oder war sie genauso beklommen wie er, genauso unsicher, wie sie zusammenfinden sollten in dieser hölzernen Kiste voll Sehnsucht, mühsam unterdrückter Gier und Musik? War das, was zwischen ihnen in der Turnhalle gelaufen war, etwa nur ein Geplänkel, ein heißgelaufener Flirt, eine Eintagsliebe gewesen? Das konnte, das durfte doch nicht wahr sein! Wenn sie wüsste, was er inzwischen erlebt und gelernt hatte! Oder nein, das blieb besser sein Geheimnis, das ging sie gar nichts an, aber er wusste nun besser, wie er sie nehmen müsste, wenn sie ihn denn ließe.

Ein zweiter Song begann, entfaltete sich, endete, gefolgt vom dritten, vierten, aber Lukas hörte kaum noch hin, spürte, wie er immer mehr verkrampfte. Etwas musste geschehen. Schließlich glitt er aus dem Sessel und kroch auf Knien zu ihr, als wollte er sich ihr unterwerfen, kniete vor ihr, als würde er sie anbeten, was er vielleicht sogar tat, ohne es zu wissen, und legte seine Hände auf ihre Oberschenkel. Und endlich ließ sie das Plattencover fallen, legte ihre Hände auf seine und beugte sich ihm entgegen. Ihr Kuss war ein zögerliches, zartes Wiedererkennen. »We weren't lovers like that and besides it would still be all right.« Dann lief die Nadel mit leisem Rauschen durch die Auslaufrille, und der Tonarm hob sich von der Platte.

Die Verkäuferin kam herein, warf einen missbilligenden Blick auf den knienden Lukas und die errötende Gitte. »Wollen Sie die B-Seite auch noch hören?«

Gitte schüttelte den Kopf.

Lukas stand auf. »Ich kaufe die Platte.«

»Aber wir haben nur dies eine Exemplar«, sagte die Verkäuferin, »und die junge Dame war vor Ihnen da.«

»Schon okay«, sagte Gitte, »vielleicht leiht der junge Herr sie mir dann mal aus.«

Sie lachten, und das war eine Befreiung. Sogar die Verkäuferin schmunzelte.

Hand in Hand gingen sie in den nahen Schlosspark, setzten sich am Schwanenteich auf eine Bank, klärten, was zu klären war. Ja, das mit der Telefonnummer war ein Verschreiber gewesen, nicht 50 am Schluss, sondern 05, und sie hatte so auf seinen Anruf gewartet, tagelang. Zum Trost küsste er sie nun tief und lang, so lang und tief, wie es auf einer Parkbank an einem Augustnachmittag noch akzeptabel schien.

Und die Schallplatte? Wie war sie ausgerechnet auf Leonard Cohen gekommen? Ihre Freundin Doris, genauer gesagt der Bruder von Doris, hatte eine LP mit dem Titel *That's Underground*, und auf dieser Platte waren Stücke von verschiedenen Gruppen und Musikern, ziemlich experimentelles Zeug, das Doris überhaupt nicht mochte – mit dieser einen Ausnahme: *Suzanne* von Leonard Cohen. Und weil sie den Song so toll fand, hatte Doris ihn auch Gitte vorgespielt, und an dem Abend hatten sie sich *Suzanne* wieder und wieder angehört, sodass sie schließlich den Text fast auswendig kannten.

»Aber so richtig kapiert hab ich das bis heute nicht«, sagte Gitte. »Ich meine, das mit Jesus und dem Holzturm und so weiter. Was soll das bedeuten?«

»Keine Ahnung«, sagte Lukas, und obwohl er dabei an Julia denken musste, hatte er wirklich nicht die leiseste Ahnung. »Ich glaube, das ist Lyrik.«

Auch Harry war begeistert. Die Akkordfolgen waren einfach, die Melodien einprägsam. Mit den Texten war es komplizierter, aber was sie nicht verstanden, nuschelten sie irgendwie weg. Da es sich ja um anspruchsvolle Lyrik handelte, würde das Publikum noch viel weniger verstehen. Die Hälfte der Songs gehörte schnell zu Luke & Harrys Repertoire.

Dass Lukas einzelne Wörter nicht verstand und vergeblich über Sinn und Bedeutung mancher Zeilen und ganzer Songs grübelte, minderte seine Faszination nicht im Geringsten, sondern verstärkte im Gegenteil das Flair des Geheimnisvollen, Unerklärlichen, das die Songs ausstrahlten. Mit Gitte ging es ihm ähnlich. Sie verhielt sich widersprüchlich bis rätselhaft, ließ sich auf ihn ein, um sich gleich darauf wieder zu entziehen. Wenn er bei ihr anrief und ihre Mutter dann manchmal behauptete, Gitte sei nicht zu Hause, spürte er, dass sie sich verleugnen ließ, war stinksauer und frustriert – und zugleich verliebter als zuvor. Aber dann verabredeten sie sich doch wieder im Carnegie Club, gingen zusammen ins Kino und auf Partys, kamen sich nah und näher, aber nie näher als am ersten Abend in der Turnhalle. Und wenn Lukas' Eltern gelegentlich übers Wochenende verreisten, er also sturmfreie Bude hatte und sich die Gelegenheit bot, endlich die letzte Schwelle zu überschreiten oder über den eigenen Schatten zu springen oder wie immer man das ausdrücken konnte, was ihm auf Norderney geglückt war, hatte Gitte stets irgendeine Ausrede parat.

Vielleicht war hoffnungslose Liebe die einzig wahre Liebe? Ja, vielleicht. Aber dann dachte er an die Nacht mit Julia und wie sehr er sich nach solchen Nächten sehnte, und dafür würde er liebend gern auf die wahre Liebe verzichten. Obwohl er ihre Nummer inzwischen auswendig kannte und den Telefonhörer schon in der Hand hatte, blieb er eisern und rief sie nicht mehr an.

»Rat mal, wer demnächst in Hamburg auftritt«, sagte Harry. Er hatte die Musikzeitschrift *Sounds* abonniert, in der es eine Rubrik für Tourneen und Konzerttermine gab, und wusste deshalb stets, wer, wann, wo.

Lukas zuckte mit den Schultern. »Heintje?«, sagte er grinsend.

Harry lachte. »Fast richtig.«

»Nun sag schon«, sagte Lukas.

»Zum ersten Mal in Deutschland: Leonard Cohen. Musikhalle Hamburg. 4. Mai. 20 Uhr. Tickets 12 bis 24 Mark.«

»Das ist ja –, also echt, Alter, Wahnsinn. Wir sind dabei.«

Trotz seines heroischen Verzichts auf die wahre Liebe wirkte das Stichwort Cohen wie ein bedingter

Reflex, der Lukas mit Erinnerungen an Gitte überschwemmte. Wie lange hatte er sie schon nicht mehr gesehen? Drei, vier Wochen? Und offenbar war diese Wunde immer noch nicht verheilt. Sie war ja ein glühender Cohen-Fan, womöglich glühender, als sie es Lukas gegenüber war. Wenn sie sich überreden ließ, zum Konzert mitzukommen, würde ihre Leidenschaft für Cohen vielleicht auch auf Lukas abfärben. Und dann würde vielleicht doch noch alles gut.

Über seinen Anruf schien sie sich überhaupt nicht zu wundern, dachte vermutlich, dass er sie wieder um ein Rendezvous anbetteln wollte. Als er dann mit der Sprache herausrückte, sagte sie einige Sekunden lang gar nichts, als müsste sie über den Vorschlag nachdenken. Und dann platzte es aus ihr heraus, und sie jubelte: »Das ist ja toll! Das ist ja supertoll! Und dass du an mich gedacht hast, ist echt lieb von dir. Superlieb.«

Das fand Lukas auch und hoffte, dass Gitte sich endlich für seine Superliebe revanchieren würde.

Sitzplätze gab es in Harrys Kasten-Ente nur für Fahrer und Beifahrer, aber die Ladefläche hatte er mit Matratzen und Decken bequem ausstaffiert. Lukas machte es sich dort mit Gitte gemütlich. Sie verhielt sich nicht abweisend, aber auch nicht auf die anschmiegsame Weise, zu der dieser rollende Diwan geradezu einlud. Es war eher ein schüchternes Händchenhalten, garniert mit dem einen oder anderen leidenschaftslosen Kuss. Lukas führte das darauf zurück, dass er sie nicht mehr angerufen und seit einem Monat nicht mehr getroffen hatte und sie ihre Beziehung also für beendet halten musste. Für sich selbst hatte er ja auch eine Art Notbremse gezogen, aber Worte wie Schluss, aus, Ende hatten weder sie noch er in den Mund genommen. Außerdem hatte Harry im Rückspiegel alles im Blick, und unter solcher Beobachtung konnte nichts heißlaufen, höchstens die Bremsen des 2CV, der rumpelnd und ratternd Richtung Hamburg rollte.

Die Musikhalle war nur zur Hälfte besetzt, was Lukas enttäuschte, fast kränkte, als ob er für den matten Zulauf verantwortlich war und sich deshalb vor Gitte schämen musste.

»Ist halt ein Geheimtipp«, befand Harry. »Wenn den jeder gut finden würde, müssten wir ja an unserem Musikgeschmack zweifeln.«

Und wo Harry recht hatte, hatte er recht. Und weil überall im Publikum Lücken klafften, mogelten sie sich von ihren billigen Plätzen in eine der vorderen Reihen.

Pünktlich um acht folgte Cohen, die Gitarre in der Hand, seiner Band auf die Bühne. Der Mann war nicht groß, 1,75, circa zehn Zentimeter kleiner als Lukas, die Haare deutlich länger als auf dem Coverfoto, schwarzer Pullover, schwarze Hose.

»Guten Abend«, sagte er auf Deutsch, und dann ging es los mit dem schwungvollen *So long, Marianne*.

Die Band bestand aus einem Gitarristen, Bassisten, Keyboarder, Schlagzeuger und zwei Backgroundsängerinnen, war gut eingespielt und hatte sichtlich Spaß. Sie spielten sämtliche Stücke der LP und dazwischen Songs, die Lukas nicht kannte. Sie stammten von einer neuen Platte, »from an upcoming album«, wie Cohen sagte. *Bird On The Wire* hieß eins der neuen Stücke, *Lady Midnight* ein anderes. Die bekannten Songs waren zum Teil anders arrangiert als auf der Platte, wurden auch mit Instrumentalsolos garniert und gestreckt, aber Cohens Stimme war so, wie Lukas sie im Ohr hatte, sonor, hypnotisch, unprätentiös und fern von Pathos.

Während die Aufnahmen auf der Platte etwas Intimes verströmten, von dem man sich kaum vorstellen konnte, mit mehr als zwei Personen zuhören zu wollen, war die Atmosphäre im Saal gelöster, lässiger. Und je länger es dauerte, desto leichter und freier wurde die Stimmung auf der Bühne und übertrug sich aufs Publikum. Es waren zumeist ernste, melancholische, manchmal traurige Songs, keine Frage, aber dieser Ernst machte auch großen Spaß, weil die Musik ihn lockerte, hob und schwingen ließ.

Nach einer Stunde gab es eine Pause, gefolgt von einer weiteren Dreiviertelstunde. Der ersten Zugabe folgte eine zweite, eine dritte. Niemand hielt es auf den Sitzen. Aus dem Publikum kletterten einige auf die Bühne, ohne von Ordnern daran gehindert zu werden. Cohen und der Band schien das zu gefallen. Während immer mehr Leute auf die Bühne kamen, war es so, als gehörte der ganze Saal zu dieser Band und die Band und der Sänger dem Saal und den Menschen darin.

Auch Gitte zog es nach vorn. Harry folgte ihr. Lukas blieb an seinem Platz, weil die Akustik dort besser war. Er sah, wie Harry die Hand nach Gitte ausstreckte, um ihr auf die Bühne zu helfen, und sie sich an ihm festhielt, um nicht zu stolpern. Der Anblick missfiel ihm. Der Saal stand kopf.

Als stünden sie noch im Bann des Gehörten, wechselten sie auf der Rückfahrt durch die Nacht nur wenige Worte. Sie waren sich einig, etwas Großartiges erlebt zu haben, und keiner von ihnen wollte den Eindruck zerreden. Lukas und Gitte hätten sich auf den Matratzen im Laderaum ausstrecken, hätten mit gegenseitigen Berührungen wortlos zueinander sprechen oder einfach einschlafen können. Aber Gitte hockte mit übereinandergeschlagenen Beinen aufrecht da, die Augen geschlossen, als meditierte sie, und Lukas wagte nicht, sie zu stören.

»Willst du nicht mal fahren?«, fragte Harry plötzlich durch Motorlärm und Karosseriegeklapper.

Lukas schreckte hoch. »Wie? Jetzt? Mitten in der Nacht?«

»Ich denk, du fährst so gern«, sagte Harry. »Und ich brauch auch mal Ablösung. In fünf Kilometern kommt ein Rasthaus. Dann tauschen wir.«

Sie tauschten. Soweit es im Rückspiegel und im Licht vorbeihuschender Scheinwerfer zu erkennen war, hatte Gitte ihren Lotossitz aufgegeben und lag nun neben Harry, der eigentlich gar nicht auf Blondinen stand.

Die Revolverschaltung hakte noch immer.

TRACK 15

Wenig später bestand Lukas das Abitur und zog zum Studium nach Hamburg. Am Mönckebergbrunnen in der City gab es einen Schallplattenladen, der im Verhältnis zum Musikhaus Wenger so groß war wie das Musikhaus Wenger zur holzgetäfelten Hörkabine. Lukas ging hinein und kaufte die Platte, die im Schaufenster neben anderen Neuerscheinungen lag – Leonard Cohen, *Songs From A Room*.

Leonard Cohen, Musikhalle Hamburg

TONIGHT WILL BE FINE
ODER WEISSE WÄNDE

I choose the rooms that I live in with care
The Windows are small and the walls almost bare
There's only one bed and there's only one prayer
I listen all night for your step on the stair

LEONARD COHEN:
TONIGHT WILL BE FINE

True love leaves no traces
If you and I are one
It's lost in our embraces
Like stars against the sun

LEONARD COHEN:
TRUE LOVE LEAVES NO TRACES

TRACK 1

Bücher, die wir lasen, Musik, die wir hörten, Briefe, die wir schrieben oder bekamen, Fotos, die wir voneinander machten, lassen uns manchmal an ferne Tage und verflossene Lieben denken. Plötzlich zerreißt der staubige Schleier des Vergessens, den die Jahre übers Damals gelegt haben, und durch die Risse fällt Licht der Erinnerung. Oder müsste es statt Licht nicht besser Schein der Erinnerung heißen, weil Erinnerungen trügerisch sind, Erfindungen, Dichtungen?

TRACK 2

Es war kein Schock wie bei John Lennons Ermordung, aber die Nachricht von Leonard Cohens Tod stimmte Lukas traurig. Es fühlte sich an, als sei ein alter Freund gestorben. Seit er im grünen Leuchten des Magischen Auges zum ersten Mal *Suzanne* gehört hatte, war er ihm treu geblieben. Das war nun schon lange her, verdammt lang, fünfzig Jahre fast, und während dieses halben Jahrhunderts hatte er Cohens Platten gekauft, seine Bücher gelesen, seine Songs auf der Gitarre gespielt und gesungen.

Lukas legte eine CD auf, »don't dwell on what has passed away or what is yet to be –«, strich mit dem Zeigefinger über die Rücken von Cohens Büchern und zog das erste, das er gekauft hatte, aus dem Regal. *Selected Poems 1956–1968*, ein zerlesenes Taschenbuch,

braunstichig, vergilbt, bestoßen, aus der Bindung ge-
brochen, »there is a crack in everything –«, und mit
Tesafilm notdürftig zusammengeflickt, »– that's how
the light gets in«. Als er es aufklappte, rutschte ein
Foto heraus, fiel auf den Fußboden und blieb mit dem
Rücken nach oben liegen. Noch bevor er sich danach
bückte, wusste er, welches Foto es war. *Summer 77 –
that's a fine memory* stand auf der Rückseite, mit Blei-
stift gekritzelt in dieser unverwechselbar chaotischen
Linkshänderschrift. Das Schwarz-Weiß-Foto, das
so ausgeblichen war wie seine Erinnerung, hatte er
selbst gemacht, mit ihrer Kamera, damals, an einem
dieser datumslosen silbernen Morgen.

Ein Unglück kommt selten allein, aber eine Pechsträhne kann manchmal auch den Weg zu unverhofftem Glück ebnen. Im Sommer 1977 standen die Dinge für Lukas schlecht. Zwar hatte er ohne größere Probleme sein Examen bestanden, aber die Aussicht, nun ein Referendariat zu absolvieren, um dann als Deutschlehrer wieder zur Schule gehen zu müssen, diesmal lebenslang oder jedenfalls bis zur Pension, war düster, wenn nicht gar bedrohlich. Er fühlte sich nicht dazu berufen, gelangweilten Schülern irgendwelche hüftsteifen Klassiker einzutrichtern, die aus unerfindlichen Gründen als geniale Dichtung und Unentbehrlichkeit solider Halbbildung galten; oder, schlimmer noch, ihnen solche Literatur anzudienen, bei der ihm selbst das Herz aufging, und damit

dann ebenfalls auf gesammeltes Desinteresse zu sto-
ßen. Ihm gefielen manche Sachen von Benn, ihm gefiel auch Brechts *Hauspostille*, Gedichte also, die wie
Songtexte klangen und es teilweise ja auch waren. Im
Deutschunterricht hätte man dergleichen vermutlich
sogar noch unterbringen können, ohne sich gleich als
Anarcho-Feuerkopf oder APO-Kommunist verdäch-
tig zu machen.

Aber in stillen Momenten, die zwischen Ohnmacht
und Größenwahn oszillierten, gestand Lukas sich ein,
nie auch nur die leiseste Motivation für den Lehrer-
beruf verspürt zu haben. Eigentlich hegte er gar keinen konkreten Berufswunsch – etwas werden wollte
er allerdings sehr wohl, nämlich, in der peinlichen,
träumerischen Selbstverkennung des jungen Manns,
der er damals war, so etwas wie Leonard Cohen.

Der hatte als mäßig bekannter Lyriker und Ro-
mancier begonnen und war bereits dreiunddreißig
Jahre alt gewesen, als seine erste Langspielplatte er-
schien. In jenem Sommer, an den Lukas das aus dem
zerfledderten Buch gerutschte Foto so unverhofft er-
innerte, war er sechsundzwanzig. Er hatte nicht nur
ein Examen gemacht, mit dem er nichts anzufangen
wusste oder wollte, sondern auch einen Roman mit

dem schönen Titel *Auf freier Strecke* geschrieben, der auf einer frustrierenden Odyssee durch zahlreiche Verlage mit dem üblichen Vordruckvokabular abgefloskelt wurde: »– bedauern wir, Ihnen mitteilen zu müssen«, »– für unsere Programmstruktur leider ungeeignet«, »– dass wir unverlangt eingesandte Manuskripte nicht kommentieren können« und dergleichen Motivationskiller mehr.

Lukas spielte Gitarre und sang Background in einer Band, besser gesagt, er versuchte mit drei Freunden eine Band zu etablieren. Sie jammten stundenlang auf einigen schlichten Rock-, Blues- und Folkstandards herum, konnten sich aber nicht einigen, in welche Richtung es eigentlich gehen sollte. Der Bassist, zugleich Leadsänger, schwärmte für Funk und Soul, der Keyboarder träumte von Prog-Rock à la Genesis, das Idol des Drummers war Gene Krupa – und Lukas wollte so etwas Ähnliches werden wie Leonard Cohen. Auf Deutsch. Das konnte natürlich nicht gut gehen. Die Songs, die er zu den Sessions mitbrachte, lösten müdes Achselzucken aus. Sein letzter Versuch, eine Midtempo-Nummer mit einer, wie er jedenfalls fand, schmissigen Melodie, hieß *Frag nie*. Und der Text ging so:

Frag nie wohin die Reise geht
Im Zug nach nirgendwo
Du fährst als blinder Passagier
Auf eignes Risiko

Frag nicht die Fische nach dem Meer
Nicht die Wolken nach dem Wind
Nach ihrem Lied frag nicht die Nachtigall
Frag nicht nach Rauch und Schall
Nicht die Wolken nach dem Wind

Frag nie wohin die Reise geht
Auf diesem Geisterschiff
Für das es keinen Hafen gibt
Nur noch ein letztes Riff

Frag nicht die Fische nach dem Meer
Nicht die Wolken nach dem Wind
Nach seinem Duft frag nicht den Rosenstrauch
Frag nicht nach Schall und Rauch
Nicht die Wolken nach dem Wind

Frag nie wohin die Reise geht
Im Flug von hier nach da
Du brauchst auch keinen Boardingpass
Zum Flug ins Nirwana.

Als er den Song vortrug, klimperte der Keyboarder die Melodie bei der zweiten Strophe schon mit, was Lukas für ein gutes Zeichen hielt, aber anschließend machte der Keyboarder dann doch nur nachdenklich: »Mh, mh, so, so.«

»Tja, also, irgendwie, ich weiß nicht –«, murmelte der Drummer.

Der Bassist und Leadsänger zupfte einen Basslauf, der nie und nimmer zu dem Song passen würde. »So was«, sagte er dann entschieden, »kann ich nicht singen. Nachtigall? Rosenstrauch? Wir sind doch keine Schlagerfuzzis.«

»Und müsste es nicht Flug *nach* Nirwana heißen, nicht *ins* Nirwana?«, erkundigte sich der Drummer. »Man fliegt ja auch nicht *ins* New York, sondern *nach* New York. Wo liegt Nirwana überhaupt?«

Und das war's dann. Lukas packte seine Klampfe in den Koffer, knallte den Deckel demonstrativ zu und verließ den Übungskeller.

TRACK 5

Am nächsten Abend war er mit Britta verabredet. Sie hatten sich auf einer ASTA-Fete der Universität kennengelernt und waren nun schon seit einem Jahr zusammen, obwohl es weder für sie noch für ihn das war, was man die große Liebe hätte nennen können. Dafür waren ihre Interessen und Geschmäcker einfach zu verschieden. In den ersten Monaten hatten die Gegensätze anziehend und stimulierend gewirkt, aber inzwischen war die Beziehung zu einer recht müden Gleichgültigkeit erkaltet.

Britta studierte Medizin und wollte ausgerechnet Radiologin werden, angeblich, weil sie kein Blut sehen konnte, aber Lukas war davon überzeugt, dass sie das zu erwartende hohe Einkommen lockte. Sie ging gern ins Kino, schwärmte für Robert Redford, interessierte sich auch sehr für Mode und hatte die *Vogue* abonniert, kaufte entsprechende Klamotten und war immer sorgfältig geschminkt. Sie mochte Roxy Music, aber ansonsten sagte Musik ihr nur dann etwas, wenn man dazu tanzen konnte. Und mit Literatur, mit Lyrik, ganz zu schweigen von den Songs, die Lukas schrieb, konnte sie überhaupt nichts anfangen.

Der Sex mit ihr machte allerdings Spaß, weil sie manchmal auf eine nahezu humorvolle Art hemmungslos sein konnte. Wenn sie jedoch Migräne hatte, legte sie eine marmorkalte Rühr-mich-nicht-an-Attitüde an den Tag, und in den letzten Wochen waren ihre Migräneattacken derart häufig geworden, dass Lukas sie für eine geniale Simulantin zu halten begann. So konnte es jedenfalls nicht weitergehen.

Aber als sie sich dann bei »ihrem« Italiener gegenübersaßen und Lukas ihr erklären wollte, dass und warum für sie beide eine einvernehmliche Trennung besser sein würde als ein bitteres Ende, das früher oder später ja doch kommen musste, wollten die Worte nicht über seine Lippen. Sie wollten nicht, weil er noch einmal mit ihr ins Bett gehen, noch ein letztes Mal ihre ungeschminkte Geilheit erfahren wollte. Also plauderten sie verkrampft über allerlei Banalitäten, bis der Kellner die Rechnung präsentierte, die sie sich wie üblich teilten. Die Frage »Zu dir oder zu mir?« hing als ein gefrorenes Schweigen zwischen ihnen.

»Ich muss dir etwas sagen«, brach Britta dies Schweigen, und Lukas wusste sofort, was es sein würde. »Ich habe jemand kennengelernt.«

Obwohl das mit anderen Worten aufs Gleiche hinauslief, was er auch ihr hatte sagen wollen, war es der sprichwörtliche Stich ins Herz. Er musste trocken schlucken, rieb sich die Augen. In Sachen Selbstbewusstsein macht es ja einen Unterschied ums Ganze, ob man kündigt oder gekündigt wird.

»Ich verstehe«, sagte er tonlos und lahm.

Sie nickte. »Es ist besser so. Mit dir und mir, das geht einfach nicht mehr.«

»Ja«, sagte er und trank die letzte Neige aus dem Rotweinglas. »Wer ist es?«

Sichtlich genervt blickte sie zur Decke. »Du kennst ihn nicht.«

»Was macht er?«

»Das ist doch völlig egal.«

»Ich will es aber wissen.«

»Arzt«, sagte sie zögernd, »Oberarzt im Klinikum.«

»Natürlich«, ätzte Lukas. »Dann wird er sicher auch bald Chefarzt.«

»Bitte«, sagte Britta, »lass es einfach sein.«

Dann standen sie auf der nächtlichen Straße. Lukas würde nun nach rechts und Britta nach links gehen, und das wäre es dann gewesen mit diesem einjährigen Missverständnis. Wenn er später an den Moment zurückdachte, wusste er nicht mehr, warum er es gesagt hatte, sagte aber, bevor sie sich trennten: »So kann man doch nicht auseinandergehen.«

»Wie denn sonst?«

»Gib mir noch einmal einen Kuss«, sagte er.

Sie lächelte verlegen, reckte sich und hauchte ihm einen Kuss auf die Wange, zart und vielleicht sogar ein bisschen wehmütig.

In dieser Nacht fand Lukas vor lauter Selbstmitleid keinen Schlaf, saß am Schreibtisch und versuchte, das Chaos zu ordnen, indem er es seinem Tagebuch anvertraute: »Ein Examen, mit dem ich nichts anfangen kann. Ein von allen Verlagen verschmähter Roman. Von den Jungs in der Band als Schlagerfuzzi gedemütigt. Von Britta verlassen. Was mache ich hier eigentlich noch?«

Er rauchte einen kleinen Einblattjoint und legte

Leonard Cohen auf, »lover, lover, lover, lover, lover, lover, lover come back to me«. Das half aber nicht weiter, war vielleicht auch kein so ganz toller Text, und zurückhaben wollte er Britta sowieso nicht. Er war nur schwer gekränkt, dass *sie* das Schlusswort gesprochen hatte. So wie ihr Abschiedskuss hatte sich keiner ihrer Küsse je angefühlt, so zögernd, nachdenklich fast, wie ein stummes Vergissmeinnicht. Lukas schrieb, strich aus, zerdrückte den Joint im Aschenbecher, schrieb, bis der Zug seiner Schrift so leicht wurde wie der Zug am Joint.

In allen Nächten träumt der Tag
In allen Schatten schläft das Licht
Aus allen Nächten
Aus allen Schatten
Irgendwann die Sonne bricht

In jedem Schweigen träumt ein Wort
In jeder Stille schläft Musik
Durch jedes Schweigen
Durch jede Stille
Schwebt ein unerhörtes Glück

In allen Träumen
In allen Liedern
Kommt das Beste erst zum Schluss
Gib mir noch einmal
Noch ein letztes Mal
Einen Kuss

Dann klimperte er noch eine Weile auf der Gitarre herum, suchte nach einer Melodie, fand aber keine. Im Morgengrauen schlief er ein. Und das war das.

MFG nach Nepal
Via Thessaloniki, Istanbul, Teheran,
Kabul, Neu-Delhi
Mitfahrer mit Führerschein gesucht
(auch Teilstrecke)

Der Zettel hing am Schwarzen Brett vom Gewinde, einer schummrigen Kaschemme in Lukas' Nachbarschaft im Karolinenviertel, wo diejenigen, die nicht selbst bis Nepal fahren wollten, ihr Dope kauften.

Tja, dachte er, als sein Blick darauf fiel, warum eigentlich nicht nach Nepal? Oder jedenfalls in die Richtung? Hauptsache, weg von hier, raus aus dem Strudel der Enttäuschungen, in dem er rotierte und unterzugehen drohte. Auch wenn es dort sagenhaft potentes und spottbilliges Haschisch geben sollte, war Nepal nicht unbedingt sein Traumziel, seitdem zwei Freunde von ihm mit Hepatitis und einer mit Syphilis vom Erleuchtungstrip aus dem Kifferparadies zurückgekehrt waren.

Er rief die auf dem Zettel vermerkte Telefonnummer an. Man sei bereits zu dritt, ein Platz sei noch frei. Also traf er sich noch am selben Abend mit Edith, Volker und Kurt, rauchte mit ihnen einen kräftigen Joint und fand sie nett genug für eine Fahrgemeinschaft gen Buddhaland. Ob Edith mit Volker oder eher mit Kurt oder womöglich mit beiden liiert war, blieb unklar, zumal Edith auch ihm eindeutig zweideutige Blicke aus kajalgerahmten Augen gönnte. In drei Tagen sollte es losgehen.

Lukas packte nur das Notwendigste in den Rucksack, doch für seine geliebte Tippa, eine handliche Reiseschreibmaschine vom Flohmarkt, blieb kein Platz. An ihrem Plastikdeckel war zwar ein Tragegriff, aber wenn auch noch die Gitarre mitsollte, hätte er ständig beide Hände voll. Er wog den Gitarrenkoffer in der einen, die Tippa in der anderen Hand. Schreiben ließ sich natürlich auch per Hand, und mit einer Schreibmaschine konnte man keine Musik machen.

Oder doch, manchmal, wenn es so gut lief, dass Lukas nicht mehr das Gefühl hatte, zu schreiben, sondern geschrieben zu werden, verwandelte sich Tippas Klappern und Klingeln in eine Musik, die den Text begleitete und zugleich hervorlockte. Als Reisegepäck war der Gitarrenkoffer unhandlicher, das Instrument empfindlich und viel wertvoller als die Schreibmaschine.

Er hängte die Gitarre wieder an den Haken, neben dem vor Kurzem noch ein Foto von Britta gehangen hatte. Dann stopfte er wahllos zwei Bücher aus dem Stapel neben dem Bett in den Rucksack, Cohens *Selected Poems 1956–1968* und ein Buch, das er erst neulich in einem Antiquariat gekauft hatte, nachdem er beim Blättern auf Sätze gestoßen war, die direkt für ihn geschrieben zu sein schienen: »Rien faire comme une bête, auf dem Wasser liegen und friedlich in den Himmel schauen, sein, sonst nichts, ohne alle weitere Bestimmung und Erfüllung –«

Kurts VW-Bulli musste vermutlich irgendwann einmal blau gewesen sein, doch Lack und Rostflecken waren im Lauf der Jahre fast vollständig mit psychedelischen Ornamenten, Blumenmotiven und Peacezeichen überpinselt worden. Innen roch es nach Räucherstäbchen, feuchter Wolle, Marihuana und dem Muff, den die ausgelegten Matratzen ausdünsteten. Edith hatte keinen Führerschein, sodass die drei Männer sich umschichtig ablösen mussten.

Zur Not, sagte Volker grinsend und ließ Tabletten in einer Blechdose rasseln, würde er es aber dank Rosimon auch solo schaffen. Er öffnete die Dose und hielt sie Lukas hin. »Pep-Pille gefällig?«

Lukas winkte ab. Hin und wieder ein Joint war entspannend und anregend, aber dies Hippietrio war dann doch nicht sein Genre. Wie weit war es eigentlich bis Nepal? Siebentausend, achttausend Kilometer? Er dachte daran, auszusteigen, aber da ratterte der Bus bereits über die Elbbrücken südwärts, und aus dem Kassettenrecorder dröhnte Pink Floyd: »Plans that either come to naught or half a page of scribbled lines«; als ob ihm das galt.

Mit Rosimons Hilfe fuhr Kurt glatte zehn Stunden und war immer noch munter. Vor der Grenze nach Österreich wollte Volker ihn ablösen, aber Edith fand, dass der bartlose Lukas seriöser wirke und man mit ihm am Steuer vielleicht ungeschoren durch die Kontrolle käme. Also kletterte Kurt nach hinten, Volker auf den Beifahrersitz, Lukas fuhr, und tatsächlich warf der Zollbeamte nur einen gelangweilten Blick in die Pässe, gähnte und winkte die kunterbunte Rostlaube gnädig durch.

Die Gangschaltung hakte hin und wieder, die Lenkung war ausgeschlagen und hatte so viel Spiel, dass es schon recht ernst war, das Auspuffrohr klapperte, und die Tachonadel hakte ab 42 km/h. Und Volker, der sich offenbar dafür zuständig fühlte, Lukas zu unterhalten oder jedenfalls wach zu halten, monologisierte. Zum Beispiel habe er Tim Leary, diesen LSD-Guru, lange für einen echt Erleuchteten gehalten oder auch den Maharishi, den aber, ehrlich gesagt, eigentlich nur wegen der Beatles, denn im Grunde sei das ja ein Scharlatan, jedenfalls verglichen mit Carlos Castaneda, der rein bewusstseinsmäßig mehrere Stufen höher angesiedelt sei, aber der Größte, der volle spirituelle Höhepunkt, das sei Bô Yin Râ. Ob Lukas den kenne?

Kopfschütteln.

»Wie jetzt, echt nicht, Alter? Wart mal, das Buch muss hier irgendwo rumliegen.«

Während Volker im Handschuhfach kramte, drangen durchs Meckern des Motors Geräusche, die nicht von technischen Mängeln, sondern von einem physischen Höhepunkt Ediths kündeten.

»Na bitte«, sagte Volker befriedigt, hielt ein schmales Büchlein hoch und blättere darin herum. »Hier, hör mal. Im ewig sich selbst und in sich alles Seiende zeugenden Geiste, in der Qualle, äh, Quelle, klar, in der Quelle allen Seins und Offenbarwerdens tief verborgen ruht das Mysterium Mann und Weib, Phallus und Yoni vereint, den Meister komischen –, ach nee, Quatsch, kosmischen Erkennens zeugend –«

»Ljubljana?«, unterbrach Lukas den Sermon an einer Ampelkreuzung.

»Hä? Ach so, ja klar, Ljubljana. Und dann auf dem Autoput immer geradeaus. Bis Griechenland.«

Griechenland. Das Wort klang verheißungsvoll nach Meer und Himmelsblau, nach weißen Häusern und einsamen Stränden, nach Süden schlechthin. Und seitdem die Militärjunta nicht mehr am Ruder war, durfte man da ja auch ohne schlechtes Gewissen wieder hinreisen. Die Grenzkontrolle nach Jugoslawien war noch laxer als die österreichische; den Tito-Sozialisten war es offenbar scheißegal, wer da so alles bei ihnen durchkesselte. Als Volker das Steuer übernahm, verzichtete Lukas auf den Schlafplatz neben Edith und zog es vor, auf dem Beifahrersitz durch die Nacht zu dösen. Irgendwo im Nirgendwo hinter Skopje ging einem Reifen die Luft aus. Zu Lukas' Überraschung gab es sogar ein Reserverad. Die Radmuttern waren aber festgerostet und ließen sich nicht lösen. Im Morgengrauen erbarmte sich endlich ein türkischer Lkw-Fahrer und half ihnen mit einer Sprühdose Caramba-Schock-Rostlöser aus der Klemme.

Hinter der griechischen Grenze ging die Sonne auf, wie eine Erlösung oder wie ein Versprechen. An einem Feldweg, der von der Autostraße abzweigte, stand eine alte Frau vor einem mit Wassermelonen beladenen Eselskarren. Sie hielten an, kauften Melonen und Schafskäse zu einem lächerlichen Preis.

Lukas schlenderte den Feldweg entlang. Im Schatten alter Platanen lag da, an eine Felswand gebaut, eine winzige Kapelle, und aus dem Fels sprudelte Wasser in ein aufgemauertes Bassin. Eiskaltes, klares Quellwasser. Er schöpfte es mit den Händen zum Mund. Noch nie hatte Wasser so köstlich geschmeckt. Weite Blicke über silbrig in der Brise funkelnde Olivenhaine der Ebene. Stille schwelte dem Mittag entgegen. In den Platanen zirpten Zikaden, aber das machte die Stille nur noch tiefer. Ganz von fern schimmerte das Meer. Und das Gefühl, als sei er hier schon einmal gewesen. Oder schon immer.

Als er die Hupe des Bullis quäken und drängeln und das Auspuffrohr wieder zuverlässig klötern hörte, stand sein Entschluss fest. Nach einer Weile gabelte sich die Straße. Laut Hinweisschild ging es links weiter nach Istanbul, 605 Kilometer voraus, rechts jedoch hinunter nach Thessaloniki.

»Anhalten«, sagte Lukas. »Hier steig ich aus.«

»Wie denn, was denn? Jetzt schon?«, empörte sich Kurt, brachte den Bulli aber zum Stehen. »Griechenland ist so was von out. Das macht Neckermann längst pauschal. Da kann man doch gar nicht mehr hin, Mann.«

»Echt link find ich das, Alter«, fand Volker. »Uns einfach im Stich lassen oder wie oder was?«

»Ach, lasst ihn doch«, gähnte Edith und hielt Lukas sein Gepäck entgegen. »Mach's gut. Love and peace.«

Die Türen knallten zu, blaugraue Schwaden töffelten aus dem Auspuff, und Lukas sah dem schwankenden Gefährt nach, bis es, immer kleiner werdend, in Staub und Hitze über dem Asphalt verflimmerte.

Er schulterte den Rucksack, nahm die Schreibmaschine in die rechte Hand und streckte die linke aus, wenn sich ein Auto näherte, während er dem verheißungsvoll blinkenden Blau der Bucht, der Stadt und dem Hafen entgegenging. Ein ramponierter, staubbedeckter Datsun Pick-up, auf dessen Ladefläche Kisten mit Tomaten und Pfirsichen herumschlingerten, hielt an.

»Saloniki?«

Der Alte am Steuer, unrasiert, eine Zigarette zwischen den Lippen, nickte zahnlos grinsend. Lukas kletterte auf den Beifahrersitz.

»Angliká?«, fragte der Alte. »Ingliss?«

»Germany«, sagte Lukas.

»Ah, Germanía. Kalá, kalá, very good.« Der Alte hielt ihm eine Schachtel Papastratos hin, oval, filterlos. Lukas griff zu, der Mann reichte ihm ein blakendes Benzinfeuerzeug. Die Zigarette schmeckte würzig nach Heu und zu viel Sonne. Lukas hustete. Der Alte lachte keckernd und sah Lukas fragend an. »Saloniki Limáni?«

»Limáni?«

»Port.«

»Ja, ja«, Lukas nickte. »Port, very good.« Am Hafen würde er die Fähre zu einer Insel nehmen, zu irgendeiner, deren Name ihm gefiel oder zu der die nächste Fähre gehen würde. »Thank you very much.«

Nicht zu wissen, wie man auf Griechisch Danke sagt, war ihm so peinlich, dass er errötete.

An den Fährkais herrschte wucherndes Getümmel, Hupen, Knattern, Geschrei. Eine Geruchswolke aus Salz, Diesel, Fisch, Kaffee, Abwasser, Bratfett und Schweröl waberte über den Platz. An einem Kiosk wollte Lukas Zigaretten kaufen und stellte sich an. Vor ihm kaufte ein Mann die *International Herald Tribune*, Papiertaschentücher und eine Packung Zigarillos, klemmte die Zeitung unter den Arm, stopfte Taschentücher und Zigarillos in die Taschen seines Leinensakkos, wobei ihm ein Stück Papier herausrutschte und zu Boden fiel. Indem er sich zum Gehen wandte, murmelte er etwas auf Griechisch, was vermutlich danke hieß.

Lukas bückte sich nach dem Papier – ein unbeschrifteter, verschlossener Briefumschlag –, machte ein paar Schritte hinter dem Mann her, zupfte ihn am Ärmel. Er drehte sich um und sah ihn durch eine große, sehr dunkle Sonnenbrille fragend an.

Lukas hielt ihm den Umschlag entgegen. »Sie haben etwas verloren«, sagte er auf Englisch.

Der Mann zuckte zusammen. »Oh, oh ja, das ist wirklich –« Er griff hastig nach dem Umschlag. »Vielen Dank. Das ist ein –, das ist wirklich wichtig. Ich bin Ihnen sehr verbunden. Wie kann ich Ihnen danken?«

Lukas winkte ab. »Schon gut.«

»Vielleicht einen Drink?« Der Mann deutete auf einen freien Tisch unter der Markise eines Kafenions.

»Ja, warum nicht?« Ziellos wie er war, hatte Lukas Zeit im Überfluss.

Sie nahmen Platz.

»Kaffee?«, fragte der Mann. »Griechischen Kaffee?«

Lukas nickte. »Gern.«

Der Mann sagte etwas auf Griechisch zum Kellner, hielt Lukas dann die Zigarillos hin, die er eben gekauft hatte, gab ihm Feuer und steckte sich selbst eine an. Sein weißer Leinenanzug war weit geschnitten, leicht zerknittert und an den Taschen ausgebeult, schien aber wie maßgeschneidert zu sein, als würde der Mann in diesem Anzug leben. Unter dem Sakko trug er ein gräulich verwaschenes T-Shirt, das vermutlich einmal schwarz gewesen war. Seine dunklen, an einigen Stellen grau melierten Haare waren ganz kurz geschnitten, und die Sonnenbrille mit den grünschwarz verspiegelten Gläsern war überdimensioniert, als diente sie als Versteck und Inkognito.

Der Kellner brachte den Kaffee in Kupferkännchen, eine Wasserkaraffe mit Gläsern, zwei Ouzo und ein Schälchen mit Oliven und Gurkenschnitzeln. Der Mann hob das Ouzoglas, nickte Lukas zu. Sie tranken. Der Mann erkundigte sich nach Lukas' Ziel.

Er zuckte mit den Schultern. »Eine Insel«, sagte er, »irgendeine ruhige, schöne Insel.«

Der Mann lächelte hinter seiner Sonnenbrille. »Dann kann ich Ihnen einen Tipp geben.« Er beugte sich vor und nannte, flüsternd fast, einen Namen. »Ruhig und schön und abgelegen, aber für Stille und Schönheit muss man manchmal weit reisen. Und wie ich sehe«, er zeigte auf die Tippa, die Lukas auf einem Stuhl abgelegt hatte, »schreiben Sie. Dafür ist die Insel ideal.«

»Klingt gut«, sagte Lukas und schlürfte den süßen Kaffee.

»Ich war bis gestern dort«, sagte der Mann, »und habe da wieder mal ein paar Probleme und Sorgen abladen können. Heute hole ich nur noch jemanden am Hafen ab und reise dann sorgenfrei nach Hause, irgendwann, morgen reise ich nach Hause. Wenn Sie auch zu dieser Insel wollen, müssen Sie sich aber beeilen.« Dabei deutete er zu einer Pier, an der zwei kleinere Fährschiffe lagen. »Das Boot geht nur zweimal in der Woche. Zum Beispiel heute«, er schaute auf seine Armbanduhr, »in zehn Minuten.«

»Ich habe kein Ticket.«

»Kriegt man an Bord.«

»Tja, ich weiß nicht –«

»Die Insel wird Ihnen guttun.«

Aus der Stimme des Manns sprach eine sonore Überzeugungskraft, etwas sanft Hypnotisches, dem Lukas sich nicht entziehen konnte. Und warum hätte er dem Tipp auch nicht folgen sollen? War das denn nicht das, was er suchte? Er griff zu Rucksack und Schreibmaschine, bedankte sich, ging zur Pier und betrat durch die geöffnete Bugklappe die Fähre.

Oben an Deck lehnte er sich an die Reling und schaute zum Kafenion zurück, wollte dem merkwürdigen Mann noch einmal zuwinken, aber er war verschwunden. Als er gesagt hatte, dass er morgen nach Hause reisen würde, klang das wie Sprechgesang einer Songzeile, zufällig oder absichtlich gereimt: »Going home without my sorrow, going home sometime tomorrow.«

Die Maschinen wurden angelassen, die Fähre zitterte und bebte, löste sich vom Kai, drehte sich schwerfällig der offenen See zu und fand schließlich in ihrem Element zu einer leicht schwankenden, schwebenden Anmut. Lukas rollte seinen Schlafsack auf den Decksplanken aus und sah der Sonne nach, die hinter den Gipfeln des Olymps versank. Während im Osten schon ein bleicher Mond die sternklare Nacht ankündigte, schwamm er durch wogige Regionen des Halbschlafs, in denen Wirklichkeit zum Traum und Träume wahr wurden.

TRACK 10

Indem sie sanft über seine Wangen und Lider strich, weckte ihn die Morgenröte. Am Himmel trieben sich ein paar Wolken herum und vergingen im fahlen Blau. Ob die Begegnung mit dem Mann am Kai wirklich gewesen war oder nur der Traum eines ungeschriebenen Songs, hätte Lukas nicht zu sagen gewusst. Wirklich war jedenfalls die Silhouette der Insel, die sich nun am Horizont abzeichnete, als sich der morgendliche Dunst wie ein Gazevorhang hob.

Im kleinen Inselhafen spuckte die Fähre ein paar staubbedeckte Autos aus, zwei, drei schwer beladene Pick-up-Trucks, einige alte, schwarz gekleidete Frauen und Männer, meckernde Ziegen, blökende Schafe und eine Handvoll Rucksacktouristen. Vor dem Hafencafé, im Halbschatten einer von Weinlaub überrankten Pergola, hockten Müßiggänger beim Morgenmokka und musterten die Neuankömmlinge. Einheimische Frauen hielten Pappschilder hoch: RENT ROOM oder FREE ROOM oder ROOM TO LET. Auf einem Schild war das lateinische R mit dem griechischen P verwechselt worden: PENT POOM.

Das gefiel Lukas, und er folgte der Vermieterin durch labyrinthische Gassen und über steile Stufen. Das Haus sah aus wie eine Bauruine, weil nur das Erdgeschoss fertig war; aus der Decke ragten rostige Stahlbänder, als Ausdruck der Hoffnung wohl, dass irgendwann auch der Tag eines Obergeschosses kommen würde. Das Zimmer war geräumig und sauber, hatte eine per Vorhang abgeteilte Duschecke und ein großes Fenster, das auf einen üppigen Gemüsegarten wies, in dem Tomaten, Zucchini, Auberginen und sogar eine Bananenstaude wuchsen. Der Preis war fair, und wenn man für eine Woche buchte und im Voraus zahlte, wurde fair zu billig.

Lukas duschte und packte seinen Rucksack aus. Der Blick in den Garten war zweifellos hübsch, aber eine Aussicht zum Meer wäre ihm lieber gewesen. An den hellblau gestrichenen Wänden hingen in billigen Rahmen vergilbte Schwarz-Weiß-Fotos des Insel-

lebens, wie es vor langer Zeit gewesen war – Eselskarren, Fischerboote am Kai, starr in die Kamera
staunende Menschen. Es gab eine geräumige Kom-
mode und ein paar Garderobenhaken, zwei getrennte
Betten mit kleinen Nachttischen, zwei wackelige Rattansessel, aber keinen Tisch für die Schreibmaschine.
Über den Kopfenden der beiden Betten hingen Re-
produktionen byzantinischer Ikonen.

Diese Möblierung empfand Lukas als bittere Iro-
nie: Zwei Betten für einen einsamen Mann und kein
Platz für einen Mann, der schreiben wollte. Hatte er
das Zimmer voreilig gemietet? Vielleicht musste er
auch erst einmal nur Abstand gewinnen zu allem, vor
dem er geflohen war, zur Ruhe kommen. Und hung-
rig war er außerdem.

Am Hafenplatz gab es außer dem Kafenion mit
der Pergola noch zwei Tavernen, an deren Tischen
jetzt das Abendgeschäft begann. Lukas schaute sich
die ausliegenden Speisekarten an und entschied sich
für die Ταβέρνα Ντούσκος, auf deren Karte die engli-
sche Übersetzung des Angebots in einer nach links
kippenden Handschrift gekritzelt war. Mehr als die
Hälfte der Gäste in der Taverne Douskos waren Tou-
risten. Es wurde viel Englisch gesprochen, aber er

schnappte auch ein paar deutsche und französische Sätze auf.

Die Frau, die als Bedienung von Tisch zu Tisch ging, hatte ihre schulterlangen blonden Haare zu einem Pferdeschwanz zurückgebunden, trug verwaschene Levi's und ein weit geschnittenes weißes T-Shirt. Sie kam an seinen Tisch, nickte ihm zu, lächelte aus grünblauen Augen und stellte eine Wasserkaraffe und einen Brotkorb mit Besteck ab.

»Hallo und willkommen«, sagte sie auf Englisch. »Die Fähre von heute?«

Lukas nickte.

»Hast du schon gewählt?«

Dass es kein Du oder Sie, sondern nur »You« gab, war eine Erleichterung. Mit dem Mann am Kai hatte er zwar auch Englisch gesprochen, aber da war es Lukas wie selbstverständlich vorgekommen, dass mit »You« nur »Sie« gemeint sein konnte.

»Was ist denn zu empfehlen?«

Sie lachte. »Alles.«

»Okay, dann nehme ich Seafood Salad und Stuffed Eggplant. Und den weißen Hauswein.«

»Sehr gute Wahl. Kommt sofort.«

Ihr Englisch hatte einen Akzent, den er nicht zuordnen konnte. Niederländisch? Er sah ihr nach. Ihr Gang war leicht, zugleich selbstbewusst, aber nicht provozierend. Vermutlich sahen ihr viele nach, nicht nur in dieser Taverne. Wie alt mochte sie sein? Mitte, Ende zwanzig? Sie ging zwischen den Tischen hindurch, nahm weitere Bestellungen auf und entschwand durch einen Vorhang aus leise klackernden Plastikperlen ins Innere der Taverne.

In dunstiger Zweideutigkeit versank die Sonne, eine Brise vom Meer verwehte die Tageshitze. Ein dunkelhaariges, etwa zehnjähriges Mädchen brachte die Weinkaraffe an seinen Tisch. Er war enttäuscht, aber dann wurde das Essen doch von derjenigen serviert, auf die er insgeheim gewartet hatte. Er wollte etwas zu ihr sagen oder sie etwas fragen, irgendetwas, damit sie länger bei ihm bliebe als nötig, aber ihm fiel nichts ein, was nicht sogleich als plumpe Anbiederei verstanden werden musste. Und ihr Lächeln war ja nur eine höfliche Maske, die sie jedem Gast zeigte. Außerdem war er hier, um zu sich selbst zu finden, um sich darüber klar zu werden, was er eigentlich wollte. Ein Flirt würde dabei stören wie Essensdüfte bei einer Fastenkur.

Ein alter und ein junger Mann, Vater und Sohn

vermutlich, machten Musik. Der Alte spielte Lyra, der Junge Bouzouki. Die Melodien waren melancholisch, gingen aber manchmal fast unvermittelt in Wildheit über, um dann wieder sanfter zu werden. Lukas klopfte den Rhythmus mit dem Fuß mit, horchte in die Musik hinein, ob er mit einer Gitarre würde mithalten können, trank mehr Wein, rauchte, trank schließlich auch das Fläschchen Tsipouro, Tresterschnaps, den die Taverne spendierte.

Auf dem Rückweg irrte er durch die Gassen, bis er doch noch das Zimmer wiederfand. Er fühlte sich elend, ließ sich in einen Rattansessel fallen und sah sich um. Sein Blick blieb an den Ikonen hängen, seltsame Heilige, die ihn vorwurfsvoll aus schwarzen Augen anstarrten und mit erhobenem Zeigefinger mahnten. Wie lautete der Vorwurf? Wozu die Ermahnung? Er zog sich aus, löschte das Licht, legte sich schlafen. Neben ihm das leere Bett. Wenn er den Arm ausstreckte, berührte er diese Leere.

TRACK 11

Als er früh zum Hafen hinunterging, kam er an einem Haus mit einer Dachterrasse vorbei, von der üppige Glyzinien und Bougainvilleen wie lila Wellen über die Wände brandeten. Im Fenster hing ein Pappschild. FREE ROOM. Er klopfte an die Tür. Niemand öffnete. Er wollte wieder in die Taverne von gestern gehen, aber als er sah, dass dort ein alter Mann bediente, setzte er sich zum Frühstück unter die Pergola des Kafenions.

Dann ging er zum Strand, der zu dieser frühen Stunde noch fast menschenleer war. Unterbrochen von Felsklippen, die bis ans Wasser reichten, säumte er den weiten Bogen der Bucht. Das Meer war von so unbewegter Glätte, dass sein Saum sich an Sand und Felsen kaum kräuselte. Lukas schwamm mit kräftigen

Zügen hinaus, drehte sich auf den Rücken und hielt sich mit trägen Bewegungen in einer fast schwerelosen Schwebe. Der Himmel blau, ein Wölkchen weiß dort ungeheuer oben. An den Berghängen verstreute Olivenbäume, die immer dichter zusammentraten, bis sie in der Ebene einen grünen Teppich bildeten. Harz- und Thymianduft wehte vom Land übers Wasser, mischte sich mit dem Salzdunst der See.

Er ging zum Haus mit den Bougainvilleen zurück. Vor der Tür saß nun eine alte Frau auf einem knarzenden Schaukelstuhl und strickte. Ja, das Zimmer war noch frei. Sie führte ihn über eine Holzstiege auf die Dachterrasse, deren hinterer Teil bebaut war, und öffnete eine blau gestrichene Tür.

Auf den ersten Blick wusste er, dass es der Raum war, nach dem er gesucht hatte. Zwei kleine, wie wasserblaue Augen aufs Meer blickende Fenster. Die grob verputzten Wände gekalkt und, wie er fast erleichtert feststellte, bilderlos und leer mit Ausnahme eines kleinen Spiegels. Ein Bett. Eine Kleiderstange. Zwei Stühle mit Binsengeflecht. Ein kleiner, stabiler Tisch, an dem sich schreiben ließ. Hinter einem Vorhang eine Nische mit Waschbecken, WC und Dusche.

Lukas zahlte für eine Woche im Voraus und holte

seine Sachen aus dem Zimmer, in dem er nur eine Nacht verbracht hatte. Seine neue Vermieterin hieß Angelika, und als er ihr seinen Namen nannte, freute sie sich, weil Lukas auch ein griechischer Name sei. Sie sprach ein paar karge Brocken Englisch und schenkte ihm zum Empfang einen Teller mit kleinen, sehr süßen Weintrauben.

Er stellte die Tippa auf den Tisch, setzte sich, steckte sich eine Zigarette an, sah sich zufrieden um. Er hatte seinen Platz gefunden. Die weißen Wände wie ein leeres Blatt Papier, auf das man schreiben, zeichnen oder auch Fotos abziehen konnte. Die Bilderlosigkeit würde die Blicke von abgenutzten Gewohnheiten befreien, empfänglich machen für Neues, neu-gierig, und vielleicht auch für die Wiederentdeckung alter Schönheit. Diese nackte Unberührtheit würde die Gedanken frei machen, frei wie in dem alten Volkslied, das ihm plötzlich einfiel. Er summte es vor sich hin und vermisste seine Gitarre.

In der kurzen Abenddämmerung schlenderte er zum Hafen, setzte sich zum Aperitif unters Weinlaub des Kafenions, trank Ouzo mit Wasser und blätterte in Cohens *Selected Poems*, bestoßen und geknickt von der Reise im Rucksack. Das kürzeste Gedicht darin hieß MARITA und bestand lediglich aus drei Zeilen.

MARITA
PLEASE FIND ME
I AM ALMOST 30

Lukas lachte in sich hinein. Knapper, unsentimentaler und witziger konnte man Einsamkeit und Sehnsucht kaum beschreiben. Er sah zur Ταβέρνα Ντούσκος hinüber. Die blonde Frau verteilte dort die Speisekarten auf den Tischen, und erste Gäste nahmen Platz. Fehlt nur noch, dachte Lukas, dass sie Marita heißt. Er wartete, bis das Tageslicht ein letztes, rötliches Echo über die See warf, und überquerte dann den Platz zur Taverne.

Sie kam mit der Wasserkaraffe an seinen Tisch, begrüßte ihn mit einem Lächeln, in dem Wiedererkennen mitschwang, und fragte, wie sein Tag gewesen sei.

»Ich habe ein Zimmer gefunden. Dahinten«, er deutete in Richtung des Hauses, »bei Angelika.«

»Ach ja«, sagte sie, »eine liebe alte Dame. Kostas kauft manchmal Gemüse aus ihrem Garten.«

»Kostas?«

»Ihm gehört die Taverne.

»Verstehe –«

»Mein Chef sozusagen.«

Chef, aha, nicht Freund oder Mann. Warum sagte sie ihm das?

»Und was empfiehlst du heute?« Er sah ihr in die Augen.

Sie erwiderte den Blick und legte den Kopf leicht schief. »Was hättest du denn gern?«

War das nur eine harmlose Koketterie, die sie jedem Gast schenkte?

»Das verrate ich dir nicht. Noch nicht.«

Sie lachte. Solche Zweideutigkeiten bekam sie vermutlich jeden Abend zu hören. Er bestellte Salat, Stifado, Wein. Sie nickte und wandte sich anderen Tischen zu. Er schaute ihr nach, bis sich die Perlenschnüre des Vorhangs wie knöchellose Finger um ihren Körper schmiegten. Das Essen brachte ihm das kleine Mädchen. Warum nicht *sie?* Wich sie ihm etwa aus? Er versuchte, ihren Blick festzuhalten, wenn sie an Nachbartischen hantierte, aber sie sah ihn nicht. Oder tat, als ob sie ihn nicht sah.

Er kam mit einem französischen Paar am Nachbartisch ins Gespräch; es erzählte begeistert von einem Wanderpfad durch die Berge, der zu einer Klosterruine führte. Er bestellte noch eine Karaffe Wein. Wieder kam nur das kleine Mädchen.

Er blätterte unkonzentriert und lustlos in dem Buch. Bist du heut Abend deiner Schönheit nicht müde?, hieß es in einem der Gedichte. Allein schon dein Haar. Wie kannst du diese Last tragen, ohne darunter zusammenzubrechen? Allein schon deine Lippen –

Plötzlich stand sie wieder an seinem Tisch. »Brauchst du noch etwas?«

»Die Rechnung«, sagte er und legte das Buch beiseite.

»Kommt sofort«, sagte sie, holte ein Fläschchen Tresterschnaps und kritzelte die Rechnung auf das Papiertischtuch.

»Ach«, sagte sie und zeigte auf das Buch »du liest Gedichte?«

»Manchmal schon. Kennst du Leonard Cohen?«

»Kennen kann man das wohl nicht nennen. Ich mag aber seine Songs.«

»Aber du bist nicht zufällig Marita?«

Sie schüttelte den Kopf. »Wie kommst du darauf?«

»Hier, Moment mal«, er blätterte im Buch und hielt es ihr hin: »Marita, bitte finde mich, ich bin schon fast dreißig.«

Sie lachte, legte den Kopf wieder schief, sah ihm in die Augen. »Wie alt bist du denn?«

»Fast dreißig«, sagte er. »Und ich heiße Lukas.«

»Ich heiße aber nicht Marita, und übrigens auch nicht Marianne, sondern Meret«, sagte sie, zog dabei das Band aus dem Pferdeschwanz und fuhr sich mit beiden Händen durchs Haar, als wollte sie ihm ihr wahres Gesicht zeigen.

»Wie schön«, sagte er. »Und ganz schön selten.«

»Dänisch«, sagte sie, goss Tsipouro in zwei Gläser und stieß mit ihm an. »Skål.«

Die Franzosen hatten empfohlen, die Wanderung früh zu beginnen, um vor der Mittagshitze bei der Klosterruine anzukommen. Im Morgengrauen schimmerte der Strand wie eine riesige Sichel. Lukas ging an der Wasserlinie entlang und nahm dann einen landeinwärts führenden, stetig steiler ansteigenden Schotterweg, der irgendwann in einen Eselspfad überging. Die Bergkämme hoben sich samtblau gegen den heller werdenden Himmel ab, und die aufgehende Sonne schenkte den Dingen Farbe und Kontur. Fern, im erwachenden Ort, krähten Hähne, Hunde schlugen an, Motoren dengelten, doch bald schnitt nur noch das metallische Singen der Zikaden durch die Stille. Manchmal kreuzten halbwilde Ziegen den Pfad, einmal sah er eine über den Hang verstreute Schafherde, begegnete aber keinem Menschen.

Es wurde wärmer. Es wurde heiß. Schweiß lief ihm von der Stirn in die Augen. Er rastete, trank Wasser aus der mitgebrachten Plastikflasche, rauchte eine Papastratos, schaute zurück über die Bucht. Der Meeresspiegel glänzte wie mattes Silber, durch das eine einlaufende Fähre schnitt. Dann ging er weiter, bis er ein Hochplateau erreichte. Die Hitze nahm immer noch zu, aber hier spendeten Steineichen und Platanen Schatten. Am Rand des Hains lag ein Kapellchen. Dort, hatten die Franzosen gesagt, gebe es auch eine Quelle. Der Eingang zur Kapelle war vergittert. Im Zwielicht hing eine Marienikone, auf dem Boden lagen zu Stroh verdorrte Blumen.

Noch bevor er die Quelle sah, hörte er sie. Es klang wie leises Geplauder hinter der Kapellenwand. Aus dem Gestein floss dort, dünn wie ein Silberstift, ein Wasserstrahl und lief murmelnd in drei Holztröge, die untereinander angeordnet waren, um Tieren Tränke zu bieten. Wie eine dreistimmige Morgenmusik plätscherte das Wasser von Trog zu Trog und sickerte dann als Bach talwärts. Lukas kniete sich hin, hielt die Flasche unter den Wasserstrahl und –

»Καλημέρα.«

Erschrocken sah er sich um. Meret. Er hatte sie nicht kommen sehen, hatte auch keine Schritte gehört. Sie stand einfach da, als wäre sie ein plötzlich lebendig gewordener Baumschatten.

»Das heißt guten Morgen«, sagte sie lächelnd, »oder auch guten Tag.«

Er starrte sie an wie eine Erscheinung. Eine Spiegelreflexkamera mit aufgesetztem Teleobjektiv hing ihr vor der Brust, und über der Schulter trug sie eine Ledertasche.

»Wie, ich meine, wo kommst du denn auf einmal her?«

»Vom Kloster.« Sie deutete bergauf. »Ich hab da Fotos gemacht. Bin endlich mal früh genug aufgestanden.«

Und dann saßen sie unter einer Eiche auf dem vom gefallenen Laub weichen, erdig duftenden Boden, tranken das eiskalte, kristallklare Wasser, teilten den Proviant, den sie mitgebracht hatten, Brot, Käse, Pfirsiche. Rauchten und erzählten von sich. Meret studierte Grafik und Fotografie an der Kopenhagener Kunstakademie und arbeitete schon seit zwei Jahren an einem Projekt. Sie fotografierte aufgegebene Kirchen und Klöster, suchte gezielt nach Motiven, auf denen die Gebäude und Ruinen von der umgebenden Natur zurückerobert wurden, überwuchert, verschlungen, um schließlich wieder zu Staub zu werden. In diesem Sommer reiste sie zu verschiedenen griechischen Inseln, machte Fotos und jobbte, wenn sich die Gelegenheit bot. Obwohl sich ihr Griechisch auf ein paar Floskeln beschränkte, hatte sie den Job in der Taverne bekommen, weil Kostas der Ansicht war, dass eine blonde Kellnerin den Umsatz steigerte.

»Ist er auch in dich verliebt?«, erkundigte sich Lukas.

Sie lachte. »Mit Sicherheit. Leider ist er schon weit über siebzig.«

Das Gehalt war minimal, aber sie konnte in der Taverne umsonst essen, hatte in einem Anbau ein winziges Zimmer und bekam großzügige Trinkgelder. Das Tagesgeschäft erledigte Kostas mit einer seiner Töchter, dem kleinen Mädchen, das seine Enkelin war, und zwei anderen Frauen. Meret arbeitete nur abends, aber die Abende endeten meistens erst in den frühen Morgenstunden.

»Schade«, sagte Lukas, »dann können wir ja abends nie etwas zusammen machen.«

»Zusammen etwas machen? Was könnte das denn schon sein?«, fragte sie, und sie fragte es so, dass er wusste, dass sie wusste, was es sein könnte.

Tonight will be fine, dachte er und summte die Melodie vor sich hin.

»Den Song kenne ich«, sagte sie lächelnd.

Sonnenflecken tropften durchs Eichenlaub, müder Wind ließ die Blätter tuscheln. Ihn überkam das unabweisliche Gefühl, schon einmal hier gewesen zu sein. In einem anderen Leben. Oder in einem Traum. Oder in einem Song. Begleitet vom ununterbrochenen Zirpen der Zikaden überließen sie sich der Trägheit des Mittags.

TRACK 14

Er zog das Blatt aus der Schreibmaschine, überflog noch einmal den Text. Es war nicht viel, aber immerhin ein Anfang, ein guter Anfang. Ein Mann, der nach einigen Enttäuschungen einen Neuanfang sucht, steht an einem mediterranen Hafen, trifft dort einen merkwürdigen Fremden und folgt dessen Rat, die Fähre zu einer bestimmten Insel zu nehmen. Was daraus folgte, würde sich zeigen, wenn er weiterschriebe, denn die besten Ideen kamen immer nur beim Schreiben. Vielleicht hatten die weißen Wände geholfen? Oder die Vorfreude auf diese Nacht?

Er schaute zur Uhr. Nach Mitternacht schon. Er nahm Glas und Weinflasche vom Tisch, ging auf die Dachterrasse und setzte sich auf einen der wackligen Stühle. Die Bougainvilleen und Glyzinien dufteten in der Dunkelheit intensiver, schwerer als am Tag. Ein niedriger Mond hing über dem Meer, und auch die Sterne schienen zum Greifen nah. Vom Hafen klang leise Musik herauf. In den Tavernen war also noch Betrieb.

Würde sie wirklich kommen? Es könne spät werden, hatte sie gesagt, aber er solle in der Taverne nicht auf sie warten oder sie abholen, weil es niemanden etwas angehe, wo und mit wem sie die Nacht verbringe. »Niemanden außer dich und mich«, hatte sie geflüstert, als sie sich nach der Siesta unter dem Eichenbaum auf den Rückweg gemacht hatten. Sie hatten sich nicht geküsst, sondern nur die Gesichter einander so nah gebracht, dass sich ihre Wangen berührten, und alles Weitere würde die Nacht bringen. Er versuchte auch nicht, sich vorzustellen, wie es sein würde mit ihr, erwartete sie aber mit einer gierigen Sehnsucht, lauschte auf Schritte, leichte, anmutige Schritte auf den hölzernen Stufen, trank das Glas leer, steckte sich eine Zigarette an, goss das Glas wieder voll, lauschte. Als die Musik endlich verstummte, schaute er wieder auf die Uhr, deren Ziffern im Dunkeln grün phosphoreszierten. Halb zwei.

Eine Treppenstufe knarrte, dann noch eine und

noch eine, und dann stand sie vor ihm und sagte: »Da bin ich.«

»Ja«, stammelte er mit trockenem Mund, »ja –«, und spürte, dass er vor Erregung zitterte, als fröre er.

»Darf ich deine Dusche benutzen?«, fragte sie. »Ich komme direkt aus der Taverne und stinke nach Öl und Fisch wie eine alte dänische Fischerfrau.«

Sie gingen hinein, und Meret steuerte die Dusch-ecke so zielstrebig an, als würde sie den Raum kennen. Sie zog den Vorhang hinter sich zu und rief durchs Rauschen der Dusche, in der Schublade des Tisches gebe es Kerzen. Hatte sie hier schon einmal gewohnt? In der Schublade lagen lange, dünne Kerzen, weiße und grüne. Er zündete eine grüne an, ließ Wachs auf die Tischplatte tropfen, fixierte die Kerze und knipste das Deckenlicht aus.

Meret schob den Vorhang beiseite. Sie hatte sich in ein Handtuch gewickelt, das von der Brust bis zu den Oberschenkeln reichte, hielt einen Augenblick vor dem kleinen Wandspiegel inne, als müsste sie sich im sanften Kerzenlicht vergewissern, die zu sein, die sie war, setzte sich dann aufs Bett und sah ihn an. »Wo-rauf wartest du?«

»Auf nichts mehr«, sagte er. »Du bist ja da.«

Als die Morgensonne durch die kleinen Fenster in den Raum fingerte, wachte Lukas auf. Meret lag auf der Seite, die Beine angewinkelt, atmete gleichmäßig, und ihre Haare fielen wie ein schläfriger goldener Sturm übers Kissen. Um sie nicht zu stören, verharrte Lukas regungslos, sah zu, wie die Sonne als Lichtschrift über die nackten Wände zu wandern begann, und konnte sein Glück nicht fassen. Zur rechten Zeit am richtigen Ort angekommen zu sein, das wusste er, war die Bedingung dieses Glücks, aber er wusste auch, dass es so wenig zu fassen wie zu halten sein würde.

Im Rausch dieses flüchtigen Glücks verging die Zeit, löste sich auf. Die Tage verloren ihr Datum, und die Stunden und Minuten dehnten sich ins Endlose, wenn Lukas nachts auf der Terrasse saß und lauschend Merets Schritten entgegenfieberte. Und wenn sie dann kam, gab es nur noch das Jetzt und Hier, in dem zwischen ihnen die Grenzen schmolzen wie die zwischen Himmel und Meer bei Sonnenuntergang und die zwischen Strand und Meer im Wechsel der Gezeiten.

Es war ein Gefühl von Leichtigkeit, Schwerelosigkeit fast, das auch anhielt, wenn sie nicht zusammen waren. Er schrieb weiter an der Geschichte mit dem Mann am Kai. Auch da lösten sich Grenzen auf. Manchmal verwandelte sich der Text in Reime, wurde zu Gedichten oder ungesungenen Songs, und wenn er ein Gedicht schrieb, geriet es ihm manchmal zur Geschichte.

An einem strahlenden Morgen kam sie, wieder in das Handtuch gewickelt, aus der Dusche und setzte sich an den Tisch mit der Schreibmaschine. Lukas griff zu ihrer Kamera, die neben der Tür an einem Haken hing. Sie sah ihn lächelnd an und hielt die Hände über die Tastatur, als schriebe sie.

»Jetzt siehst du aus wie die Frau auf dem Cover von Leonard Cohens *Songs From A Room*«, sagte er und drückte auf den Auslöser.

»Wer weiß?«, sagte sie. »Vielleicht bin ich es sogar.«

Die Zeit lief ab. Es kam der letzte Morgen nach der letzten Nacht, und obwohl sie ihre Abreise mit keiner Silbe erwähnte, spürte Lukas, dass er sie nie wiedersehen würde. Er spürte es an dem plötzlich ganz fremden Blick, mit dem sie ihn ansah, nachdem sie aufgewacht war.

Als er abends zum Essen in die Taverne ging, war Meret nicht mehr da. Das kleine Mädchen gab ihm einen Umschlag mit einem kurzen Brief in Merets nach links kippender Handschrift.

»Such nicht nach mir. Wenn wir uns geliebt haben, wirklich geliebt haben, dann lieben wir uns für immer in der Erinnerung. Wahre Liebe hinterlässt keine Spuren.« Kein Name. Keine Adresse.

Lukas ging zurück in sein Zimmer. Neben dem Bett lag noch das Buch *Selected Poems*. Meret hatte darin geblättert und als Lesezeichen eins ihrer Haarbänder hineingelegt. Er setzte sich an den Tisch, trank Wein. Durch die Fenster schwebten der Duft der Glyzinien und Streifen fahlen Mondlichts, in denen Staub tanzte. Lukas trank mehr Wein, nahm ein Blatt Papier, weiß wie die Wände, nackt wie Merets Haut, spannte es in die Tippa. Trank. Schrieb.

Das weiße Bett im morgenhellen Zimmer,
auf einem Stuhl zerknüllt ein Rock, ein Tuch,
daneben noch ein aufgeschlagenes Buch,
ein Hemd, ein Haarband und ein Farbenschimmer.

Dein Bild versank hier in des Spiegels Licht,
nun schläft auf seinem allertiefsten Grund
die rätselhafte Wehmut der Erinnerung
an nackte Wände und an dein Gesicht.

Und du, halb nackt und halb erst aufgewacht,
du musterst mich mit einem fremden Blick.
Ich seh dich zweifelnd an und denk zurück
an die durchliebten Stunden dieser Nacht.

Dieser Moment wird immer mit mir ziehen,
vielleicht als Hoffnung und vielleicht als Qual,
fahl wie ein Geist des Nocheinmal,
wenn blau wie Meere die Glyzinien blühen.

Er konnte sich nicht erinnern, ihr seinen Nachnamen, geschweige denn seine Anschrift genannt zu haben, aber im folgenden Winter erreichte ihn ein Brief von ihr. Er enthielt nichts als das Foto, das er damals mit ihrer Kamera gemacht hatte, *Summer 77 – that's a fine memory* auf die Rückseite gekritzelt.

TRACK 16

Er hob das Foto vom Fußboden auf, legte es zurück ins Buch, klappte das Buch zu und stellte es zurück ins Regal. Das Foto würde er vielleicht wieder vergessen, niemals jedoch den Klang ihrer Schritte auf der Stiege zu seinem Zimmer.

MUSIK
KiWi
BIBLIO
THEK

TINO HANEKAMP über **NICK CAVE**

SOPHIE PASSMANN über **FRANK OCEAN**

ANJA RÜTZEL über **TAKE THAT**

THEES UHLMANN über **DIE TOTEN HOSEN**

KLAUS MODICK über **LEONARD COHEN**

LADY BITCH RAY über **MADONNA**

FRANK GOOSEN über **THE BEATLES**

KiWi MUSIKBIBLIOTHEK
WWW.KIWI-VERLAG.DE/MUSIKBIBLIOTHEK

MIX
Papier aus verantwor-
tungsvollen Quellen
FSC® C083411

Verlag Kiepenheuer & Witsch, FSC® N001512

2. Auflage 2020

Umschlaggestaltung FAVORITBÜRO, München
Bild auf Seiten 70 und 71:
© K & K Ulf Kruger OHG via Getty Images
Gesetzt aus der Calluna und der Acre
Satz Buch-Werkstatt GmbH, Bad Aibling
Druck und Bindung CPI books GmbH, Leck
ISBN 978-3-462-05380-7

Um 1968 tingeln Lukas und Harry als Zwei-Mann-Band, covern Beatles, Kinks und Donovan und denken: Besser geht's nicht. Bis Lukas eines Nachts im Radio Leonard Cohens *Suzanne* hört und sich weder Titel noch Interpret merken kann. Die kokette Gitte und die erfahrene Julia werden ihm auf der Suche nach dieser einen lebensverändernden Platte behilflich sein. Zehn Jahre später macht Lukas sich auf nach nirgendwo, nur mit Cohens Gedichten im Gepäck. Er landet auf einer griechischen Insel und trifft dort die mysteriöse Dänin Meret. Doch am Ende bleiben weder Gitte, Julia noch Meret, am Ende bleibt Leonard Cohen. Für immer.

Klaus Modick (*1951), ist Schriftsteller. Seine erfolgreichsten Romane sind »Der kretische Gast«, »Sunset«, »Konzert ohne Dichter« und »Keyserlings Geheimnis«.